Blåbærlykke

En kokebok med 100 deilige oppskrifter. Fra frokost til dessert, utforsk blåbærenes smakfulle verden

Lea Jakobsen

Copyright materiale ©2023

Alle rettigheter reservert

Ansvarsfraskrivelse
Informasjonen i denne boken er ment å tjene som en omfattende samling av strategier som forfatteren av denne boken har forsket på. Oppsummeringer, strategier, tips og triks anbefales kun av forfatteren, og å lese denne boken vil ikke garantere at ens resultater nøyaktig vil speile forfatterens resultater. Forfatteren av boken har gjort alle rimelige anstrengelser for å gi oppdatert og nøyaktig informasjon til leserne av boken. Forfatteren og dens medarbeidere vil ikke holdes ansvarlige for eventuelle utilsiktede feil eller utelatelser som kan bli funnet. Materialet i boken kan inneholde informasjon fra tredjeparter. Tredjepartsmateriale omfatter meninger uttrykt av deres eiere. Som sådan påtar ikke forfatteren av boken seg ansvar eller ansvar for tredjepartsmateriale eller meninger.

INNHOLDSFORTEGNELSE

INNHOLDSFORTEGNELSE	3
INTRODUKSJON	7
FROKOST	9
1. Bakt blåbærfranskbrød	10
2. Berry Crêpes med appelsinsaus	12
3. Blåbær Vanilje Overnight Oats	14
4. Blåbær havregryn yoghurt pannekaker	16
5. Rainbow Lime Chia Pudding	18
6. Blåbær sitron ostekake havre	20
7. PB-Havregryn frokostskål	22
8. Proteinkraftvafler	24
9. Acai bær smoothie	26
10. Blåbærfrench toast over natten	28
11. Kjempegode blåbærvafler	30
12. Mammas alt vafler	32
13. Blåbær-sitron-crepes	34
14. Blåbærbokhvetepannekaker	36
15. Perfekte blåbærpannekaker	38
16. Blåbær Spirulina Overnight Oats	40
17. Lime Lin Pudding	42
18. Kokosquinoa frokostboller	44
19. Blåbærfrokostsalat	46
20. Blåbærmaisbrødvafler	48
21. Blåbærpannekakebiter	50
22. Kokosmandelfrokost	52
23. Banan-blåbærpannekaker	54

24. Sitronkysset blåbærvafler   56

25. Stekt blåbærfrench toast   58

26. Granola med spiselige blomster   60

SNACKS   62

27. Regnbuehummus veggie-pinwheels   63

28. Trail Mix   65

29. Nutella fylte jordbær   67

30. Vegansk drue- og bærpizza   69

31. Fylte søtpoteter   71

32. Blåbær-sitron Scones   73

33. Blåbærmuffins   75

34. Blåbærfettbomber   77

35. Easy Choco Blueberry Fat Bombs   79

36. Blåbær Pierogi   81

37. Blåbær- og fløtekaker   84

38. Blåbær/maisfritter   87

39. Blåbærsmulebarer   89

40. Sitron- og blåbærkjernemelk-cupcakes   91

41. Fruktsnack med sjømose   94

HOVEDRETT   96

42. Jordbær/blåbærsuppe   97

43. Blåbærrisotto med boletus   99

44. Villsvingryte med blåbær   101

45. Potet-, løk- og chutneypizza   103

46. Blåbær, mandarin, gulrøtter og ruccolasalat i en krukke   106

47. Kylling, blåbær & avokadosalat   108

48. Kylling-, blåbær-, ricotta- og jordbærsalat   110

49. Quinoa, grønne erter, asparges og reddiksalat   112

50. Quinoa, spinat, blåbær & jordbær salat   114

51. Bærquinoasalat	116
52. Kylling, blåbær og avokadosalat	118

DESSERT 120

53. Blueberry & Peach crisp	121
54. Blåbærsitronkake	123
55. Blåbær lavendel tranebær sprø	125
56. Blåbærhåndpaier	127
57. Blåbærkjernemelketerte	129
58. Havregrynsufflé	132
59. Blåbær- og vaniljeis	134
60. Blåbær sorbet	136
61. Blandet bærsorbet	138
62. Blueberry Cheesecake Ice Cream	140
63. Sous Vide blåbær sitronkompott	143
64. Blåbær Granateple frokost Parfait	145
65. Amaretto-is av kirsebær og blåbær	147
66. Blåbærmaismelkake	149
67. Råbærchips	151
68. Blåbærterte	153
69. Bærmelksmule	155
70. Eple Blåbær Valnøtt Crisp	157
71. Blueberry Boy Bait	159
72. Blåbærdumpekake	161
73. Blåbær sitron pull-apart brød	163
74. Blandet bærskomaker med sukkerkjeks	165
75. Sommerbær med fersk mynte	168
76. Individuelle Yuzu Blueberry Bagateller	170
77. Blåbærrabarbrapai	173
78. Kirsebærbær havregryte	175

SAUSER 177

79. Sommerfruktsaus	178
80. Blåbærsaus	180
81. Deilig blåbærsirup	182
82. Blåbærsyltetøy	184

SMOOTHIES OG COCKTAILS 186

83. Ombré Granateple Elixir	187
84. Isblåbær Med Hvit Grapefruitade	189
85. Grønn smoothie	191
86. Kirsebærblåbærgrønnkål	193
87. Protein Power Smoothie	195
88. Supermatshake	197
89. Dr. Mikes Power Shake	199
90. Bright Berry Shake	201
91. Blåbær Mango Shake	203
92. Blåbærblast	205
93. Blåbær Muffin Shake	207
94. Blåbær kokos smoothie	209
95. Keto tropisk smoothie	211
96. Spiret Alfalfa Smoothie	213
97. Blåbærsmoothie	215
98. Kakao Spinat Smoothie	217
99. Blåbærpai-smoothie	219
100. Rainbow kokos smoothie	221

KONKLUSJON 223

INTRODUKSJON

Blåbær anses å være en "naturlig helsepakke", som inneholder forskjellige klasser av bioaktive forbindelser, som bidrar til mange velkjente helsefordeler. Disse smakfulle bærene har tiltrukket seg mye oppmerksomhet og eksepsjonell interesse fra forskere, ernæringsfysiologer og matprodusenter, og selvfølgelig forbrukerne, på grunn av deres vitenskapelig rapporterte høye antioksidantkapasitet som følge av deres brede utvalg av polyfenoliske forbindelser.

De gunstige effektene av blåbær for flere kroniske sykdommer, inkludert kreft, kardiovaskulære lidelser, diabetes og nevrodegenerative sykdommer er rapportert. Disse helseegenskapene er assosiert med overflod av antioksidanter i disse bærfruktene.

Blåbær er en allsidig og deilig frukt som kan brukes i en lang rekke retter, fra frokost til middag, og til og med desserter. Med Blåbærlykkevil du oppdage 100 appetittvekkende oppskrifter som viser frem den fantastiske smaken og ernæringsmessige fordelene til denne supermaten. Dessuten er hver oppskrift ledsaget av et fantastisk, fullfargefotografi, som gir deg en visuell guide til den ferdige retten.

I denne kokeboken finner du alt fra klassiske blåbærpannekaker og muffins til salte retter som blåbærglasert indrefilet av svin og blåbærquinoasalat. Og selvfølgelig er det nok av overbærende desserter, som blåbærostkakebarer og blåbærskomaker.

Hver oppskrift er nøye laget for å fremheve den unike smaken og teksturen til blåbær, og mange inkluderer også nyttige tips og variasjoner for å gjøre dem enda mer delikate. Enten du er en erfaren kokk eller bare har begynt på kjøkkenet, er Blåbærlykkeden perfekte guiden til å utforske de mange mulighetene til denne fantastiske frukten.

Med sine vakre fotografier og enkle å følge oppskrifter er Blåbærlykkeen fryd for øynene og smaksløkene. Enten du leter etter en ny vri på en gammel favoritt eller ønsker å eksperimentere med en ny ingrediens, vil denne kokeboken garantert inspirere deg. Så hvorfor ikke starte ditt kulinariske eventyr i dag og oppdage den salige verden av blåbærmatlaging?.

FROKOST

1. **<u>Bakt blåbærfranskbrød</u>**

Gir: 8 porsjoner

INGREDIENSER:
- 16 gram italiensk brød
- 4 egg
- ½ kopp melk, 2 % lavt fettinnhold
- ¼ ts bakepulver
- 1 ts Vanilje
- 2½ kopp blåbær, frosne eller ferske
- ½ kopp sukker
- 1 ts kanel
- 1 ts maisstivelse
- 2 ss smør, smeltet
- ¼ kopp pulverisert sukker

BRUKSANVISNING:
a) Skjær brødet på diagonalen for å lage 8¾-tommers tykke stykker, hælene fjernet. Ordne brødskivene i en 10 x 15 tommers bakebolle.
b) I en middels bolle, pisk sammen egg, melk, bakepulver og vanilje.
c) Hell blandingen sakte over brødet, snu hver skive for å dekke seg helt. Dekk fatet med plastfolie og avkjøl i minst 1 time, men gjerne over natten.
d) Forvarm ovnen til 425 grader. Belegg en annen 10 x 15 tommers bakebolle med nonstick matlagingsspray. Dryss blåbærene over bunnen av pannen.
e) Bland sammen sukker, kanel og maisenna og hell jevnt over toppen av bærene. Klyv brødskivene godt over blåbærene, med den våteste siden opp. Pensle brødet med smeltet smør.
f) Stek fransk toast i midten av ovnen i 20 til 25 minutter, eller til den er gyldenbrun.
g) For å servere, legg toasten – med bærsiden ned – på varme tallerkener. Rør resten av bærblandingen i bakebollen, og øs deretter over toasten.
h) Dryss over melis.

2. Berry Crêpes med appelsinsaus

Gir: 4 porsjoner

INGREDIENSER:
- 1 kopp friske blåbær
- 1 kopp skivede jordbær
- 1 ss sukker
- Tre 3-unse pakker med kremost myknet
- ¼ kopp honning
- ¾ kopp appelsinjuice
- 8 Crêpes

BRUKSANVISNING:
a) Kombiner blåbær, jordbær og sukker i en liten bolle, og sett til side.
b) For å tilberede saus, pisk kremost og honning til det er lett, og pisk sakte inn appelsinjuice.
c) Skje ca ½ kopp bærfyll i midten av 1 Crêpe. Hell ca 1 ss saus over bærene. Rull sammen, og legg på serveringsfat. Gjenta med de resterende crêpes.
d) Hell resten av sausen over crêpes.

3. Blåbær Vanilje Overnight Havre

Gjør: 1

INGREDIENSER:
- ½ kopp havre
- ⅓ kopp vann
- ¼ kopp lav-fett yoghurt
- ½ ts maltvaniljebønne
- 1 spiseskjelinfrø måltid
- En klype salt
- Blåbær, mandler, bjørnebær, råhonningfor topping

BRUKSANVISNING:
a) Tilsett ingrediensene (unntatt toppings) i bollen om kvelden. Avkjøl over natten.

b) Om morgenen, rør opp blandingen. Den skal være tykk. Legg til pålegg etter eget valg.

4. Blåbær havregryn yoghurt pannekaker

INGREDIENSER:

- ½ pluss ⅓ kopp hvitt fullkornshvetemel
- ½ kopp gammeldags havregryn
- 1 ½ ts sukker
- ½ ts bakepulver
- ½ ts natron
- ¼ ts kosher salt
- ¾ kopp gresk yoghurt
- ½ kopp 2% melk
- 1 ts olivenolje
- 1 stort egg
- ½ kopp blåbær
- 12 jordbær, i tynne skiver
- 2 kiwi, skrelt og i tynne skiver
- ¼ kopp lønnesirup

BRUKSANVISNING:

a) Forvarm en nonstick takke til 350 grader F eller varm opp en nonstick stekepanne over middels høy varme. Dekk stekepannen eller stekepannen lett med nonstick-spray.

b) I en stor bolle kombinerer du mel, havre, sukker, bakepulver, natron og salt. I et stort glassmålebeger eller en annen bolle, visp sammen yoghurt, melk, olivenolje og egg. Hell den våte blandingen over de tørre ingrediensene og rør med en gummispatel til det er fuktig. Tilsett blåbærene og bland forsiktig sammen.

c) Arbeid i grupper, øs ⅓ kopp røre for hver pannekake på takken og stek til det kommer bobler på toppen og undersiden er pent brunet, ca. 2 minutter. Vend og stek pannekakene på den andre siden, 1 til 2 minutter lenger.

d) Del pannekaker, jordbær, kiwi og lønnesirup i måltidsbeholdere. Holder seg tildekket i kjøleskapet i 3 til 4 dager. For å varme opp igjen, plasser i mikrobølgeovnen i 30-sekunders intervaller til den er gjennomvarmet.

5. Rainbow Lime Chia Pudding

INGREDIENSER:
- 1 ¼ kopper 2% melk
- 1 kopp 2% vanlig gresk yoghurt
- ½ kopp chiafrø
- 2 ss honning
- 2 ss sukker
- 2 ts limeskall
- 2 ss ferskpresset limejuice
- 1 ts vaniljeekstrakt
- 1 kopp hakkede jordbær og blåbær
- ½ kopp mango i terninger og ½ kopp kiwi i terninger

BRUKSANVISNING:

a) I en stor bolle, visp sammen melk, yoghurt, chiafrø, honning, sukker, limeskall, limejuice, vanilje og salt til det er godt kombinert.

b) Fordel blandingen jevnt i fire (16-unse) murglass. Dekk til og avkjøl over natten, eller opptil 5 dager.

c) Serveres kald, toppet med jordbær, mango, kiwi og blåbær.

6. Blåbær sitron ostekake havre

INGREDIENSER:
- ¼ kopp fettfri gresk yoghurt
- 2 ss blåbæryoghurt
- ¼ kopp blåbær
- 1 ts revet sitronskall
- 1 ts honning

BRUKSANVISNING:
a) Kombiner havre og melk i en 16-unse mason krukke; topp med ønsket pålegg.
b) Avkjøl over natten eller opptil 3 dager; server kald.

7. PB-Havregryn frokostskål

INGREDIENSER:
- ½ kopp gammeldags havregryn
- Klype kosher salt
- 2 ss bringebær
- 2 ss blåbær
- 1 ss hakkede mandler
- ½ ts chiafrø
- 1 banan, i tynne skiver
- 2 ts peanøttsmør, oppvarmet

BRUKSANVISNING:

a) Kombiner 1 kopp vann, havre og salt i en liten kjele. Kok over middels varme, rør av og til, til havren har myknet, ca. 5 minutter.

b) Tilsett havregryn i en beholder til å forberede måltider. Topp med bringebær, blåbær, mandler, chiafrø og banan, og drypp med det varme peanøttsmøret. Holder seg tildekket i kjøleskapet i 3 til 4 dager.

c) Havregrynene kan serveres kald eller oppvarmet. Varm opp i mikrobølgeovnen med 30 sekunders mellomrom til den er gjennomvarmet.

8. **Proteinkraftvafler**

INGREDIENSER:
- 6 store egg
- 2 kopper cottage cheese
- 2 kopper gammeldags havregryn
- ½ ts vaniljeekstrakt
- Klype kosher salt
- 3 kopper fettfri yoghurt
- 1 ½ kopp bringebær
- 1 ½ kopp blåbær

BRUKSANVISNING:

a) Forvarm et vaffeljern til middels høy. Smør lett toppen og bunnen av strykejernet eller strøk med nonstick-spray.

b) Kombiner egg, cottage cheese, havre, vanilje og salt i en blender og kjør til en jevn masse.

c) Hell en liten ½ kopp eggeblanding i vaffeljernet, lukk forsiktig og stek til den er gyldenbrun og sprø, 4 til 5 minutter.

d) Legg vaflene, yoghurten, bringebærene og blåbærene i måltidsbeholdere.

9. Acai bær smoothie

INGREDIENSER:
FOR Å FORBEREDE
- 2 (3,88 unse) pakker frossen acaipuré, tint
- 1 kopp frosne bringebær
- 1 kopp frosne blåbær
- 1 kopp frosne bjørnebær
- 1 kopp frosne jordbær
- ½ kopp granateplefrø

Å SERVERE
- 1½ kopp granateplejuice

BRUKSANVISNING:
a) Kombiner acai, bringebær, blåbær, bjørnebær, jordbær og granateplefrø i en stor bolle. Fordel blandingen mellom 4 ziplock fryseposer. Frys i opptil en måned, til den skal serveres.

b) Plasser innholdet i en pose i en blender, tilsett en sjenerøs ⅓ kopp granateplejuice og kjør til den er jevn. Server umiddelbart.

10. Over natten blåbær fransk toast

Gjør: 6 til 8

INGREDIENSER:
- 1 baguettebrød, skåret 1-tommers tykke
- 6 egg
- 3 c. melk
- 1 c. brunt sukker, pakket og delt
- vaniljeekstrakt etter smak
- muskatnøtt etter smak
- ¼ c. hakkede pekannøtter
- 2 kopper blåbær
- Valgfritt: lønnesirup

BRUKSANVISNING:
a) Ordne baguetteskiver i en lett smurt 13"x9" stekepanne; sette til side.
b) Visp sammen egg, melk, ¾ kopp brunt sukker, vanilje og muskatnøtt i en stor bolle. Hell blandingen jevnt over baguetteskiver.
c) Dekk til og avkjøl over natten. Rett før steking, dryss resterende brunt sukker, pekannøtter og blåbær over toppen.
d) Stek uten lokk ved 350 grader i 50 minutter, eller til de er gylne og boblende. Server med lønnesirup, etter ønske.

11. Nydelige blåbærvafler

Gjør: 4 vafler

INGREDIENSER:
- 2 egg
- 2 kopper universalmel
- 1¾ kopp melk
- ½ kopp olje
- 1 spiseskje sukker
- 4 ts bakepulver
- ¼ teskje salt
- ½ ts vaniljeekstrakt
- 1½ kopp blåbær

BRUKSANVISNING:
a) I en stor bolle, pisk egg med en elektrisk mikser på middels hastighet til det er luftig.
b) Tilsett de resterende ingrediensene unntatt bær; pisk bare til den er jevn.
c) Spray et vaffeljern med non-stick grønnsaksspray. Hell røren med ½ kopp på det forvarmede vaffeljernet. Strø ønsket mengde bær over røren.
d) Stek i henhold til produsentens anvisninger, til de er gylne.
e) Eple French Toast over natten

12. **Mammas alt vafler**

Gjør: 4 til 6

INGREDIENSER:
- 2 kopper kjeksbakeblanding
- 1-½ kopp hurtigkokt havre, ukokt
- ¼ c. hvetekim
- ½ kopp hakkede pekannøtter eller valnøtter
- 2 egg, pisket
- ¼ c. peanøttsmør
- ½ kopp vaniljeyoghurt
- 3-½ kopp lettmelk, delt
- 1 c. blåbær
- Valgfritt: ¼ c. mini sjokoladebiter
- Pynt: lønnesirup, frukttopping, pisket krem

BRUKSANVISNING:
a) Kombiner bakeblanding, havre, hvetekim og nøtter i en stor bolle; sette til side. I en separat bolle, visp sammen egg, peanøttsmør, yoghurt og 3 kopper melk.

b) Tilsett tørre ingredienser og rør. Tilsett gjenværende melk etter behov for å få konsistensen til eplemos. Vend inn bær og sjokoladebiter, om ønskelig.

c) Hell med ½ kopp på et forvarmet vaffeljern som er sprayet med grønnsaksspray som ikke kleber.

d) Stek til de er sprø, i henhold til produsentens instruksjoner.

e) Server med lønnesirup eller frukttopping og en klatt kremfløte.

13. **Blåbær-sitron pannekaker**

Gir: 6 porsjoner

INGREDIENSER:
- 3 unser pk. kremost, myknet
- 1-½ kopp halv-og-halv
- 1 ts sitronsaft
- 3-¾ pk. instant sitronpuddingblanding
- ½ kopp kjeksbakeblanding
- 1 egg, pisket
- 6 ts melk
- 1 c. fyll på blåbærpai

BRUKSANVISNING:

a) Kombiner kremost, halv-og-halv, sitronsaft og tørr puddingblanding i en bolle. Pisk med en elektrisk mikser på lav hastighet i 2 minutter. Avkjøl i 30 minutter.

b) Smør en 6-tommers panne lett og sett på middels høy varme. I en bolle kombinerer du kjeksbakeblanding, egg og melk.

c) Pisk til glatt. Hell 2 ss røre i pannen for hver crepe. Roter gryten raskt, la røren dekke bunnen av gryten.

d) Kok hver pannekake til de er lett gylden, vend deretter og stek igjen til den er akkurat gylden.

e) Hell 2 ss kremostblanding på hver crepe og rull sammen.

f) Topp med resterende kremostblanding og paifyll.

14. Blåbær bokhvete pannekaker

Gir: 4 porsjoner

INGREDIENSER:
- 1-½ kopp bokhvetemel
- ½ t. bakepulver
- ½ t. bakepulver
- ¼ t. salt
- 1 c. kjernemelk
- 2 eggehviter, pisket
- 1 egg, pisket
- 1 T. honning
- 1 ts rapsolje
- 1 t. vaniljeekstrakt
- 1 c. blåbær, tint hvis de er frosne
- Pynt: lønnesirup, frisk frukt

BRUKSANVISNING:
a) I en bolle blander du mel, bakepulver, natron og salt.
b) I en egen bolle rører du sammen kjernemelk, eggehviter, egg, honning, olje og vanilje.
c) Tilsett kjernemelkblandingen til melblandingen; rør godt om.
d) Vend forsiktig inn blåbær.
e) Varm en lett smurt panne på middels varme. Tilsett røren med ¼ kapsler.
f) Kok til det kommer bobler på toppen, ca 1-½ minutt.
g) Sving; stek den andre siden til den er gylden, ca 1-½ minutt.
h) Topp med mer frisk frukt eller lønnesirup, etter ønske.

15. Perfekte blåbærpannekaker

Gjør: ett dusin pannekaker

INGREDIENSER:
- 1 c. melk
- ½ kopp vann
- 1 c. pluss 2 T. hvetemel
- ½ kopp maismel
- 1 t. bakepulver
- ½ t. bakepulver
- ¼ t. salt
- 1 c. blåbær
- 2 T. olje, delt
- Pynt: syltetøy eller sirup

BRUKSANVISNING:
a) Bland sammen melk og vann i en liten bolle; sette til side. Sikt sammen mel, maismel, bakepulver, natron og salt i en stor bolle; Bland godt. Rør inn melkeblandingen til den er blandet.
b) Brett inn blåbær; la stå i 5 minutter.
c) Varm en spiseskje olje i en stor panne på middels varme. Hell ¼ kopp røre per pannekake i pannen; kok til boblende på toppen og kantene er litt tørre.
d) Snu og stek den andre siden til den er gylden. Gjenta med gjenværende olje og røre.
e) Server lun med syltetøy eller sirup, etter ønske.

16. Blåbær Spirulina Overnight Oats

Gjør: 1

INGREDIENSER:
- ½ kopp havre
- 1 ss strimlet kokosnøtt
- ⅛ teskjeer kanel
- ½ ts spirulina
- ½ kopp plantebasert melk
- 1 ½ ss plantebasert yoghurt
- ¼ kopp frosne blåbær
- 1 ts hampfrø valgfritt
- 1 kiwi, i skiver

BRUKSANVISNING:
a) Tilsett havre, strimlet kokos, kanel og spirulina i en krukke eller bolle. Tilsett deretter den plantebaserte melken og kokos eller naturell yoghurt.
b) Legg de frosne blåbærene og kiwi på toppen. Avkjøl over natten, eller i det minste en time eller mer.
c) Før servering tilsett hampfrø om ønskelig. Nyt!

17. **Lime linpudding**

Gjør: 1 porsjon

INGREDIENSER:
- 1 ¼ kopper 2% melk
- 1 kopp 2% vanlig gresk yoghurt
- ½ kopp linfrø
- 2 ss honning
- 2 ss sukker
- 2 ts limeskall
- 2 ss ferskpresset limejuice
- 1 ts vaniljeekstrakt
- 1 kopp hakkede jordbær og blåbær
- ½ kopp mango i terninger og ½ kopp kiwi i terninger

BRUKSANVISNING:
d) I en stor bolle, visp sammen melk, yoghurt, linfrø, honning, sukker, limeskall, limejuice, vanilje og salt til det er godt kombinert.
e) Fordel blandingen jevnt i fire mason krukker.
f) Dekk til og avkjøl over natten, eller i opptil 5 dager.
g) Serveres kald, toppet med jordbær, mango, kiwi og blåbær.

18. Kokos Quinoa frokostboller

Gjør: 4

INGREDIENSER:
- 1 ss kokosolje
- 1½ kopp rød eller svart quinoa, skylt
- 14-unse boks med usøtet lett kokosmelk, pluss mer til servering
- 4 kopper vann
- Fint havsalt
- spiseskjeer honning, agave eller lønnesirup
- 2 ts vaniljeekstrakt
- Kokos yoghurt
- Blåbær
- goji-bær
- Ristede gresskarkjerner
- Ristet usøtet kokosflak

BRUKSANVISNING:
a) Varm oljen i en kjele på middels varme. Tilsett quinoaen og rist i ca 2 minutter, rør ofte. Rør sakte inn boksen med kokosmelk, vannet og en klype salt. Quinoaen vil boble og sprute først, men vil raskt sette seg.
b) Kok opp, dekk deretter til, reduser varmen til lavt og la det småkoke til det får en mør, kremet konsistens, ca. 20 minutter. Fjern fra varmen og rør inn honning, agave, lønnesirup og vanilje.
c) For å servere deler du quinoaen mellom boller. Topp med ekstra kokosmelk, kokosnøttyoghurt, blåbær, gojibær, gresskarkjerner og kokosflak.

19. Blåbær frokostsalat

INGREDIENSER:
Salat:

- 2 pounds Blandet, revet salatgrønt
- 4 kopper friske blåbær
- 4 kopper ferske appelsindeler
- 2 kopper Granola

Vinaigrette

- 1 kopp kokosolje
- 1 kopp frosne blåbær, tint
- 1 ss dijonsennep
- 2 ss brunt sukker
- 2 ts finhakket sjalottløk
- ¾ teskje kosher salt
- ½ ts malt pepper
- ½ ts paprika

BRUKSANVISNING:

a) **For Vinaigrette:** Tilsett alle ingrediensene i en blender eller foodprosessor og kjør til blandingen er jevn. Avkjøl minst 30 minutter for å blande smaker. Gjør: 2 kopper.

b) Kast alle salatgrønnsakene med blåbærvinaigretten og del de kledde grønnsakene mellom åtte store tallerkener.

c) Ordne appelsindeler og blåbær på toppen av hver salat.

d) Dryss hver salat med granola og server umiddelbart.

20. Blåbær maisbrød vafler

Gir: 4 til 6 porsjoner

INGREDIENSER:
- 1½ kopp universalmel
- ½ kopp gult maismel
- ¼ kopp granulert sukker
- ½ ts kosher salt
- 1½ ts bakepulver
- 1¼ kopper kjernemelk
- 2 egg, lett pisket
- ½ kopp (1 stav) usaltet smør, smeltet
- ¾ kopp frosne blåbær, tint

BRUKSANVISNING:
a) Forvarm vaffeljernet ditt.
b) I en stor miksebolle kombinerer du mel, maismel, sukker, salt og bakepulver. Bland de tørre ingrediensene til de er godt blandet.
c) Lag en liten brønn i midten av de tørre ingrediensene. Tilsett kjernemelk, egg og smeltet smør. Bland med en visp til det er godt blandet. Vend deretter blåbærene inn i røren.
d) Spray vaffeljernet med nonstick-spray. Plasser 1 til 1½ kopper røre på jernet, og stek til de ytre delene er fine og sprø. Gjenta til det ikke er mer røre. Server og nyt med favorittpålegget ditt.

21. Blåbærpannekakebiter

INGREDIENSER:
- Frosne blåbær - ½ kopp
- Kokosmel - ½ kopp
- Bakepulver - 1 teskje
- Salt - ½ teskje
- Swerve Søtningsmiddel – ¼ kopp
- Kanel - ¼ teskje
- Vaniljeekstrakt, usøtet - ½ teskje
- Smør, gressmatet, usaltet, smeltet – ¼ kopp
- Egg, beite – 4
- Vann - ⅓ kopp

BRUKSANVISNING:
a) Sett ovnen til 350 grader F og la forvarme til muffinsene er klare til å bake.
b) Knekk eggene i en bolle, tilsett vanilje og søtningsmiddel, visp med en stavmikser til det er blandet og bland deretter inn salt, kanel, smør, bakepulver og mel til det er innlemmet og en jevn røre kommer sammen.
c) La røren sitte i 10 minutter eller til den tykner og bland deretter i vann til den er blandet.
d) Ta et 25 kopper mini-muffinsbrett i silikon, smør koppene med avokadoolje, øs deretter den tilberedte røren jevnt i dem og topp med noen blåbær, press bærene forsiktig inn i røren.
e) Sett muffinsbrettet inn i ovnen og stek muffinsene i 25 minutter eller til de er gjennomstekt og toppen er pent gyllenbrun.
f) Når du er ferdig, tar du ut muffinsene fra brettet og avkjøler dem på rist.
g) Legg muffins i en stor frysepose eller del dem jevnt i pakker og oppbevar dem i kjøleskapet i fire dager eller i fryseren i opptil 3 måneder.
h) Når du er klar til servering, stek muffinsene i mikrobølgeovn i 45 sekunder til 1 minutt eller til de er gjennomvarmede.

22. **Kokos mandel frokost**

INGREDIENSER:
- 2 ss stekte pepitas
- ⅓ kopp kokosmelk
- 2 ss hakkede mandler
- 1 ss chiafrø
- ⅓ kopp vann
- En håndfull blåbær

BRUKSANVISNING:

a) I foodprosessoren eller blenderen blander du pepitaene med mandler og pulser dem godt.

b) Plasser Instant Pot over en tørr plattform på kjøkkenet ditt. Åpne topplokket og slå det på.

c) Tilsett chiafrøene med vann og kokosmelk; rør forsiktig for å blande godt.

d) Tilsett pepitablandingen og kombiner.

e) Lukk lokket for å lage et låst kammer; sørg for at sikkerhetsventilen er i låst stilling.

f) Finn og trykk på "MANUELL" kokefunksjon; timer til 5 minutter med standard "HIGH" trykkmodus.

g) La trykket bygges opp for å tilberede ingrediensene.

h) Etter at koketiden er over, trykker du på "CANCEL"-innstillingen. Finn og trykk på "QPR" kokefunksjon. Denne innstillingen er for rask utløsning av innvendig trykk.

i) Server toppet med blåbærene.

23. Banan-blåbær pannekaker

Gir: 4 porsjoner

INGREDIENSER:
- 1 moden banan, most
- 2 kopper soyamelk
- 2 ss vegansk margarin, smeltet
- 1 ts ren vaniljeekstrakt
- 1 1/2 kopper allsidig mel
- 1/2 kopp hurtigkokende havre
- 2 ss sukker
- 0,5 ts bakepulver
- 1 ts malt kanel
- 1/2 ts malt allehånde
- 1/2 ts malt muskatnøtt
- 1/2 ts salt
- 1 kopp friske blåbær
- Canola eller druekjerneolje, til steking

BRUKSANVISNING:
a) I en stor bolle kombinerer du banan, soyamelk, smeltet margarin og vanilje, bland godt. Sette til side.

b) I en separat stor bolle kombinerer du mel, havre, sukker, bakepulver, kanel, allehånde, muskat og salt. Tilsett de våte ingrediensene til de tørre ingrediensene og bland med noen raske strøk. Vend inn blåbærene. Forvarm ovnen til 225°F.

c) Varm et tynt lag olje på middels høy varme på en takke eller stor stekepanne. Hell 1/4 kopp til 1/3 kopper med røre på den varme takken. Kok til små bobler vises på toppen, ca 3 minutter.

d) Vend pannekakene og stek til den andre siden er brunet, ca. 2 til 3 minutter.

e) Ha kokte pannekaker over på et varmefast fat og hold dem varme i ovnen mens du steker resten.

24. <u>Sitronkysset blåbærvafler</u>

Gir: 4 porsjoner

INGREDIENSER:
- 1 1/2 kopper allsidig mel
- 1/2 kopp gammeldags havre
- 1/4 kopp sukker
- teskjeer bakepulver
- 1/2 ts salt
- 1 ts malt kanel
- 2 kopper soyamelk
- 1 ss fersk sitronsaft
- 1 ts sitronskall
- 1/4 kopp vegansk margarin, smeltet
- 1/2 kopp friske blåbær

BRUKSANVISNING:

a) Smør vaffeljernet lett og forvarm det. Forvarm ovnen til 225°F.

b) I en stor bolle kombinerer du mel, havre, sukker, bakepulver, salt og kanel. Sette til side.

c) I en separat stor bolle, visp sammen soyamelk, sitronsaft, sitronskall og margarin. Tilsett de våte ingrediensene til de tørre ingrediensene og bland med noen få raske slag, bland til det akkurat er blandet. Vend inn blåbærene.

d) Øs 1/2 til 1 kopp av røren (avhengig av instruksjonene med vaffeljernet ditt) på det varme vaffeljernet. Kok til de er ferdige, 3 til 5 minutter for de fleste vaffeljern. Ha de kokte vaflene over på et varmefast fat og hold dem varme i ovnen mens du steker resten.

25. Stekt blåbær arme riddere

Gjør: 2

INGREDIENSER:
- 8 stykker ferskt grovt brød i skiver
- 5 store egg, vispet
- 44 ml melk
- 85 g lønnesirup
- ¼ ts havsalt
- ½ ts malt kanel
- 125 g blåbær
- 6 ss olivenolje
- 8 klatter smør

BRUKSANVISNING:
a) Drypp olivenolje i en stor støpejernspanne eller tallerken.
b) Kombiner egg, melk, lønnesirup, salt og kanel i en stor blandebolle.
c) Dypp hver brødskive i sausen.
d) Legg brødet i pannen og bløtlegg det i 5-10 minutter i eggedosisen.
e) Legg blåbær på toppen av brødet.
f) Stek i ovnens restvarme til eggerøren har trukket inn og brødet er gyllenbrunt.
g) Ta ut av ovnen og drypp med lønnesirup og smør.

26. Granola med spiselige blomster

INGREDIENSER:
- saft fra ½ sitron
- skall fra 1 sitron
- ¼ kopp sukker
- 1 eggeplomme
- 2 ss smør kuttet i små
- ¼ kopp gresk yoghurt
- ½ kopp ristede mandler
- ½ kopp blåbær
- ½ kopp granola
- Stemorblomster, nasturtiums og nelliker

BRUKSANVISNING:
a) Ha sitronsaft, sitronskall, sukker og eggeplomme i en kjele.
b) Kok opp under konstant omrøring med en tresleiv til den blir tykk.
c) Når den er klar, legg den på siden og tilsett smøret og skjær det i biter. Rør det til smøret smelter og la det avkjøles. Når det er kaldt, tilsett yoghurt og bland inn.
d) Rist mandler i en stekepanne med en teskje olje.
e) Når alle ingrediensene er klare, begynner du å legge alle ingrediensene i lag.
f) Start med granola, deretter halvparten av nøttene, yoghurt-sitronblanding, bær og resten av nøttene, dekk med resten av yoghurtblandingen og pynt med spiselige blomster.

SNACKS

27. Regnbuehummus veggie-hjul

INGREDIENSER:

- 2 ss hummus
- 1 (8-tommers) spinattortilla
- ¼ kopp rød paprika i tynne skiver
- ¼ kopp gul paprika i tynne skiver
- ¼ kopp gulrot i tynne skiver
- ¼ kopp agurk i tynne skiver
- ¼ kopp babyspinat
- ¼ kopp revet rødkål
- ¼ kopp alfalfaspirer
- ½ kopp jordbær
- ½ kopp blåbær

BRUKSANVISNING:

a) Fordel hummusen over overflaten av tortillaen i et jevnt lag, og etterlater en ¼-tommers kant. Plasser paprika, gulrot, agurk, spinat, kål og spirer i midten av tortillaen.

b) Legg den nederste kanten av tortillaen tett over grønnsakene, brett inn sidene. Fortsett å rulle til toppen av tortillaen er nådd. Kutt i sjettedeler.

c) Plasser nålehjul, jordbær og blåbær i en beholder til å forberede måltider. Avkjøl i 3 til 4 dager.

28. **Trail Mix**

Gjør: ca 2 kopper

INGREDIENSER:
- 1 kopp (15 g) poppet popcorn
- ¼ kopp (40 g) ristede peanøtter
- ¼ kopp (40 g) brente mandler
- ¼ kopp (40 g) gresskarkjerner
- ¼ kopp (35 g) tørkede blåbær, uten tilsatt sukker
- 2 ss mørk sjokoladebiter (valgfritt)
- klype kanel (valgfritt)
- klype salt

BRUKSANVISNING:
a) Bland alle ingrediensene sammen, juster kanel og salt etter smak om ønskelig.
b) Oppbevares i en lufttett beholder.
c) Holder opptil 2 uker i pantryet.

29. Nutella fylte jordbær

INGREDIENSER:

- 30 friske jordbær i skiver
- 1 (7 unse) boks pisket krem
- 13-unse krukke Nutella
- 30 friske blåbær
- 1 (14,4 unse) pakke mini graham kjeks

BRUKSANVISNING:

a) Først kutt den nederste delen av hvert jordbær og lag et hull i hver av dem fra toppen.

b) Ha nå pisket krem og hasselnøttpålegg i dette hullet, og topp dette med ett blåbær.

c) Dekk til med en grahamskjeks før servering.

30. Vegansk drue- og bærpizza

Gjør: 12

INGREDIENSER:
- 1 sukkerkakeskorpe

KREMEOSTFYLL
- 8 gram vegansk smøreoststil
- 1 boks fullfett kokosmelk, tørrstoff skummet av
- ⅓ kopp melis
- 1 teskje. vaniljeekstrakt

FRUKTTOPPING
- 8 store jordbær i skiver
- 4 kiwi, skrelt og skåret i skiver
- ½ kopp blåbær
- ½ kopp druer halvert
- ¼ kopp bringebær
- 2 ss enkel sirup

BRUKSANVISNING

a) Forvarm ovnen til 350F. Spray en 14" pizzapanne med kokespray og sett til side.

b) Fordel kjeksdeigen jevnt over i den forberedte pizzapannen. Stikk noen hull i skorpen med en gaffel og stek skorpen i 12-15 minutter, til kantene er gyldenbrune og kaken stekt i midten. Ta ut av ovnen og sett i kjøleskapet eller fryseren for å avkjøle.

c) Lag kremostfyllet. For å lage fyllet, øs ut de faste stoffene fra kokosmelken i en middels stor bolle. Tilsett vegansk smøreoststil, sukker og vanilje og kjør med en stavmikser til den er helt jevn. Avkjøl til klar til bruk.

d) Sett sammen pizzaen. Når informasjonskapselen er avkjølt, topp den med kremostfyllet, og fordel den selv med en forskjøvet slikkepott. Sett pizzaen tilbake i kjøleskapet for å la fyllet sette seg mens du forbereder frukten.

e) Skjær jordbær og kiwi i skiver. Skjær druene i to. Topp den avkjølte pizzaen med friske bær, dekorer dem i konsentriske sirkler. Pensle enkel sirup over bærene for å gi dem en glans.

f) Server umiddelbart eller sett tilbake i kjøleskapet til du skal servere.

31. Fylte søtpoteter

Gjør: 1

INGREDIENSER:
- 1 kopp vann
- 1 søtpotet
- 1 ss ren lønnesirup
- 1 ss mandelsmør
- 1 ss hakkede pekannøtter
- 2 ss blåbær
- 1 ts chiafrø
- 1 ts karripasta

BRUKSANVISNING:
a) Tilsett en kopp vann og dampstativet i instant-gryten.
b) Forsegl lokket og plasser søtpoteten på risten, pass på at utløserventilen er i riktig posisjon.
c) Forvarm Instant Pot til høyt trykk i 15 minutter på manuell. Det vil ta noen minutter før trykket bygges opp.
d) Etter at timeren går av, la trykket falle naturlig i 10 minutter. For å slippe ut gjenværende trykk, drei utløserventilen.
e) Når flottørventilen har falt, fjern søtpoteten ved å åpne lokket.
f) Når søtpoteten er avkjølt nok til å håndtere, kutt den i to og mos kjøttet med en gaffel.
g) Topp med pekannøtter, blåbær og chiafrø, og drypp deretter med lønnesirup og mandelsmør.

32. Blåbær-sitron scones

Gjør: 6

INGREDIENSER:
- 2 kopper universalmel
- 1 ss bakepulver
- 2 ts sukker
- 1 ts kosher salt
- 2 gram raffinert kokosolje
- 1 kopp friske blåbær
- ¼ unse sitronskall
- 8 gram kokosmelk

BRUKSANVISNING:
a) Bland kokosolje med salt, sukker, bakepulver og mel i en foodprosessor.
b) Overfør denne melblandingen til en miksebolle.
c) Tilsett nå kokosmelk og sitronskall i melblandingen, bland deretter godt.
d) Vend inn blåbær og bland den tilberedte deigen godt til den er jevn.
e) Spre denne blåbærdeigen i en 7-tommers runde og legg den i en panne.
f) Avkjøl blåbærdeigen i 15 minutter, skjær den deretter i 6 skiver.
g) Legg Sear Plate med et pergamentark.
h) Plasser blåbærskivene i den forede stekplaten.
i) Overfør sconesene til Air Fryer-ovnen og lukk døren.
j) Velg "Bake"-modus ved å dreie på hjulet.
k) Trykk på TIME/SLICES-knappen og endre verdien til 25 minutter.
l) Trykk på TEMP/SHADE-knappen og endre verdien til 400 °F.
m) Trykk på Start/Stopp for å begynne tilberedningen.
n) Server fersk.

33. **Blåbærmuffins**

Gjør: 6

INGREDIENSER:
- 1 egg, pisket
- 1 moden banan, skrelt og moset
- 1¼ kopper mandelmel
- 2 ss granulert sukker
- ½ ts bakepulver
- 1 ss kokosolje, smeltet
- ⅛ kopp lønnesirup
- 1 ts eplecidereddik
- 1 ts vaniljeekstrakt
- 1 ts sitronskall, revet
- En klype malt kanel
- ½ kopp friske blåbær

BRUKSANVISNING:
a) I en stor bolle, tilsett alle ingrediensene bortsett fra blåbær og bland til det er godt blandet.
b) Vend forsiktig inn blåbærene.
c) Smør en 6-koppers muffinsform.
d) Legg blandingen i tilberedte muffinskopper som er omtrent ¾ fulle.
e) Trykk på AIR OVEN MODE-knappen på Air Fryer Oven og vri på hjulet for å velge "Bake"-modus.
f) Trykk på TIME/SLICES-knappen og vri på hjulet igjen for å stille inn koketiden til 12 minutter.
g) Trykk nå på TEMP/SHADE-knappen og vri på hjulet for å stille inn temperaturen til 375 °F.
h) Trykk på "Start/Stopp"-knappen for å starte.
i) Når enheten piper for å vise at den er forvarmet, åpner du ovnsdøren.
j) Plasser muffinsformen over rist og sett inn i ovnen.
k) Når steketiden er over, åpner du ovnsdøren og setter muffinsformene på en rist til avkjøling i ca. 10 minutter.
l) Vend muffinsene forsiktig inn på rist for å avkjøles helt før servering.

34. Blåbærfettbomber

Gjør: 6

INGREDIENSER:
- 5 ss smør
- 3 ss kokosolje
- 2 ss sukkerfri blåbærsirup
- 2 ss kakaopulver

BRUKSANVISNING:
a) Kok alle ingrediensene i en kjele på lav varme under konstant omrøring til alt er skikkelig blandet. Hell blandingen i silikonformer og sett i fryseren i minst 3 timer.
b) Tjene.

35. Easy Choco Blueberry Fat Bombs

Gjør: 12

INGREDIENSER:
- 5 spiseskjeer. smør
- 3 spiseskjeer. kokosolje
- 2 spiseskjeer. sukkerfri blåbærsirup
- 2 spiseskjeer. kakaopulver

BRUKSANVISNING:
a) Kok alle ingrediensene i en kjele på lav varme til alt er riktig blandet.
b) Hell blandingen i en silikonform og legg den i fryseren i minst 3 timer.

36. **Blåbær Pierogi**

Gjør: 48-50

INGREDIENSER:
TIL DEIEN
- 2 kopper (500 g) universalmel
- 1 kopp varm plantebasert melk
- 1 ts salt

TIL BLÅBÆRFYLLET
- 2 kopper blåbær/blåbær
- 1 ss universalmel

TOPPING
- søtet krem, 12% eller 18%
- en klype melis / melis, til å strø

BRUKSANVISNING:
TIL DEIEN
a) Sikt melet og stikk hull i midten av melkuppelen. Hell en liten mengde varm plantebasert melk i blandingen og rør den inn. Elt raskt, tilsett plantebasert melk etter behov for å oppnå en myk, elastisk deig.

b) Del deigen i flere stykker. Kjevle ut den første delen av deigen på en melet benkeplate.

c) Kjevle ut deigen med kjevlen til et tynt ark. Bruk et glass eller en sirkelskjærer til å kutte deigen.

TIL BLÅBÆRFYLLET
d) Skyll friske blåbær under kaldt rennende vann.

e) Ta frosne bær ut av fryseren rett før du lager pierogi (dumplings er lettere å sette sammen med frossen frukt)

f) Tørk på tørkepapir, fordel på et brett og dryss med 1 ss mel.

g) I midten av hver deigsirkel legger du en teskje blåbær. Brett deigen over fyllet og krymp kantene sammen. Fortsett til deigen og blåbærene er borte.

FINNER OPP
h) Kok opp saltet vann i en kjele. Reduser varmen til et lavt nivå og hold det der.

i) Tilsett dumplings og stek i 5–6 minutter, eller til de flyter.

j) Tilbered litt søtet krem i mellomtiden. Ha litt fløte i en blandekum, tilsett litt melis/pulver, og rør det hele sammen. Ta en bit og se om den er søt nok. Hvis den ikke er søt nok, tilsett mer sukker og prøv igjen.

k) Bruk en hullsleiv og fjern pierogien fra kasserollen. Server på tallerkener med en klatt søtet krem på toppen.

37. Blåbær og kremkaker

Gir: 12 til 17 informasjonskapsler

INGREDIENSER:
- 225 g smør, ved romtemperatur [16 ss (2 pinner)]
- 150 g granulert sukker [¾ kopp]
- 150 g lys brunt sukker [¼ kopp tettpakket]
- 100 g glukose [¼ kopp]
- 2 egg
- 320 g mel [2 kopper]
- 2 g bakepulver [½ teskje]
- 1,5 g natron [¼ teskje]
- 6 g kosher salt [1½ ts]
- ½ porsjon melkesmule
- 130 g tørkede blåbær [¾ kopp]

BRUKSANVISNING:

a) Kombiner smør, sukker og glukose i bollen til en stativmikser utstyrt med padletilbehør og fløte på middels høy i 2 til 3 minutter. Skrap ned sidene av bollen, tilsett eggene og pisk i 7 til 8 minutter.

b) Reduser mikserhastigheten til lav og tilsett mel, bakepulver, natron og salt. Bland bare til deigen kommer sammen, ikke lenger enn 1 minutt. (Ikke gå bort fra maskinen under dette trinnet, ellers risikerer du å overmikse deigen.) Skrap ned sidene av bollen med en slikkepott.

c) Fortsatt på lav hastighet, tilsett melkesmulene og bland til de er innlemmet, ikke mer enn 30 sekunder. Jag etter melkesmulene med de tørkede blåbærene, bland dem i 30 sekunder.

d) Bruk en 2¾-unse iskremskje (eller et ⅓-koppsmål), del ut deigen på en ark med bakepapir. Klapp toppen av kakedeigkuplene flate. Pakk arket tett inn i plastfolie og sett i kjøleskap i minst 1 time, eller opptil 1 uke. Ikke stek informasjonskapslene i romtemperatur – de vil ikke bake ordentlig.

e) Forvarm ovnen til 350°F.

f) Ordne den avkjølte deigen minst 4 tommer fra hverandre på pergament- eller Silpat-forede arkformer. Stek i 18 minutter. Kakene vil blåse opp, knekke og spre seg. Etter 18 minutter skal de være svært svakt brune på kantene, men fortsatt lyse gule i midten; gi dem et ekstra minutt eller så hvis det ikke er tilfelle.

g) Avkjøl kakene helt på plateformene før de overføres til en tallerken eller til en lufttett beholder for oppbevaring. Ved romtemperatur holder kakene seg ferske i 5 dager; i fryseren holder de seg i 1 måned.

38. Blåbær/maisfritter

Gir: 6 porsjoner

INGREDIENSER:
- ⅔ kopp mel
- ⅓ kopp maisstivelse
- 2 ss sukker
- 1 ts bakepulver
- ½ ts salt
- ¼ spiseskje Muskat, malt
- ⅓ kopp melk
- 2 Egg, separert
- Vegetabilsk olje
- 1½ kopp blåbær
- Konditorsukker og honning

BRUKSANVISNING:
a) I en middels bolle, rør sammen mel, maisstivelse, sukker, bakepulver, salt og muskatnøtt.
b) I 2 kopper målebeger, rør sammen melk, eggeplommer og olje. Hell i melblandingen. Bland godt. Røren blir stiv. Rør inn blåbær. Sette til side.
c) I en liten bolle med mikser på høy, pisk eggehviter til stive topper dannes. Vend forsiktig halvparten av de piskede eggehvitene inn i røren med en gummispatel til den er godt blandet. Vend deretter de resterende piskede eggehvitene i røren,
d) Tilsett fritterøre forsiktig i spiseskjeer, noen få om gangen, i varm olje. Stek i 3-4 minutter, snu en gang, eller til fritterne er gyldenbrune.

39. Blåbærsmulebarer

INGREDIENSER:
- 1½ kopp sukker
- 3 kopper ubleket universalmel
- 1 ts bakepulver
- ¼ teskje salt
- skall av en sitron
- 1 stort egg
- 8 gram kaldt, usaltet smør, kuttet i fire
- 4 ts maisstivelse
- 1 halvliter blåbær

BRUKSANVISNING:
a) Forvarm ovnen til 375°F og smør en 13 x 9 tommers panne.
b) I en stor bolle blander du 1 kopp sukker med mel og bakepulver. Tilsett salt og sitronskall.
c) Tilsett deretter egget og smøret til en smuldrete deig. Det var veldig vanskelig å blande med skjeen min (Deb anbefalte en gaffel - hvem vet hvorfor jeg ikke lyttet), noe som ble vanskeligere fordi jeg ikke hadde massevis av plass til å groove i bollen min. Smøret er litt lettere å håndtere hvis det mykner litt, selv om deigen blir en liten klistremerke på denne måten.
d) Trykk halvparten av deigen til et jevnt lag i formene.
e) I en separat bolle blander du den resterende ½ koppen sukker, maisstivelse og saften av en sitron.
f) Brett blåbærene inn i maisennablandingen. (Deb sa i innlegget sitt at frosne blåbær fungerer like bra.)
g) Fordel de maisstivelsesdekkede blåbærene i et jevnt lag i pannen.
h) Smuldre resten av deigen over toppen av blåbærene.
i) Stek dem i 45 minutter, til toppen er brunet. La crumblen avkjøles helt før du skjærer den i biter.

40. Sitron- og blåbærkjernemelk-cupcakes

INGREDIENSER:
- 1⅓ kopper vanlig glutenfri melblanding
- 2 ss malte mandler
- ⅔ kopp sukker
- 1½ ts glutenfritt bakepulver
- ⅛ teskje bikarbonat av brus
- ½ ts Xanthan Gum
- 4 ss smøraktig solsikkepålegg
- 1 frittgående egg
- ½ kopp kjernemelk
- ½ kopp halvskummet (2 % redusert fett) melk
- 1 Sitron, skall og saft, delt
- ¾ kopp ferske eller tinte, frosne blåbær
- ⅛ teskje havsalt
- 1 kopp melis

BRUKSANVISNING:

a) Forvarm ovnen til 350F. Kle 2 muffinsformer med 12 cupcake-papir.

b) Smelt smørpålegget i en liten kjele og la det avkjøles litt. I en mugge visp sammen egg, kjernemelk, melk, finrevet skall fra sitronen og det smeltede pålegget.

c) Hvis du bruker tint frosne blåbær, tørk godt på kjøkkenpapir.

d) Sett til side 12 for å dekorere de ferdige kakene, legg deretter resten i en liten bolle og bland med 1 ss mel.

e) Kombiner mel, malte mandler, sukker, bakepulver, brus, xantangummi og salt i et stativ eller håndholdt matmikser.

f) Lag en brønn i midten av den tørre blandingen og hell i kjernemelk/eggblandingen. Bland sammen på lav hastighet til det er godt blandet.

g) Tilsett blåbærene og bland igjen på lav hastighet til de er blandet. Hell røren i forberedte kakepapir.

h) Stek i 15-20 minutter eller til cupcakes springer tilbake når de berøres lett i midten.

i) Ta ut av ovnen og overfør til avkjøling på rist.

j) Juice sitronen. Ha melis (pulver) i muggen og tilsett nok sitronsaft til å slakke til tykk, kremaktig konsistens.

k) Bruk en teskje til å smøre over cupcakesene og pynt med de reserverte blåbærene.

41. Fruktsnack med sjømose

Gir: 12 porsjoner

INGREDIENSER:
- 4 kopper friske blåbær
- 2 ss chiafrø, malt
- 1 ts kanel
- 1 ts daddelpasta
- 1 ts sitronsaft
- 1 ss vaniljeekstrakt
- ½ kopp Sea Moss gel

BRUKSANVISNING:

a) Kvern chiafrøene til pulver i en krydderkvern.

b) Kombiner alle ingrediensene i en kraftig blender til en jevn masse. Sett til side i 10 minutter for å la chiafrøene tykne pureen.

c) Fordel blandingen veldig tynt for dehydratoren eller en veldig lav ovn og tørk i ca. 16 timer, snu wrap halvveis gjennom.

d) Klipp til din smak, rull med vokset papir som vist.

HOVEDRETT

42. Jordbær/blåbærsuppe

Gjør: 4

INGREDIENSER:
- 1 pund friske jordbær eller blåbær, renset godt
- 1 ¼ kopper vann
- 3 ss vegansk granulert søtningsmiddel
- 1 ss fersk sitronsaft
- ½ kopp soya eller ris kaffekrem
- Valgfritt: 2 kopper kokte, avkjølte nudler

BRUKSANVISNING:
a) Kombiner frukten med vannet i en middels gryte og varm opp til et raskt oppkok.
b) Reduser varmen til lav, dekk til og kok i 20 minutter, eller til frukten er veldig myk.
c) Kjør i en blender til den er jevn. Ha puréen tilbake i kjelen og rør inn sukker, sitronsaft og fløtekrem. La det småkoke i 5 minutter etter omrøring.
d) Avkjøl suppen i minst 2 timer før servering.
Denne suppen serveres tradisjonelt alene eller med kalde nudler.

43. Blåbærrisotto med boletus

Gir: 4 porsjoner

INGREDIENSER:
- 8¾ unse fersk boletus, i skiver
- 1 liten løk; finhakket
- ¾ unse smør
- 5 gram risottoris; upolert
- 5½ unse blåbær
- ¼ kopp hvitvin; tørke
- 1¾ kopp buljong
- ¼ kopp olivenolje
- 1 kvist timian
- 1 fedd hvitløk; moset
- 2 gram smør

BRUKSANVISNING:
a) Varm smøret i en kjele og fres løken. Rør inn risen og blåbærene, surr kort.
b) Fukt med vin, kok til absorbert; fukt med buljong og kok til den er mør.
c) Rør kontinuerlig, tilsett eventuelt litt buljong. Smak til med salt og pepper.
d) Varm oljen, fres sopp, hvitløk og timian i en stekepanne. Rør smøret inn i risottoen.
e) Overfør til varme tallerkener og pynt med sopp.

44. Villsvingryte med blåbær

INGREDIENSER:

- 1 kilo villsvin (i terninger, skulder eller ben)
- 1 ½ ss vegetabilsk olje
- 1 løk (fint skiver)
- 2 gulrøtter
- 1 appelsin (organisk)
- 1 fedd hvitløk
- 1 fedd
- 1 kanelstang
- 4 einebær
- 2 klyper muskatnøtt
- 2 laurbærblader
- 2 ss konjakk
- rødvin (1 liter.)
- 4 ss oksekraft
- 2 ss blåbærsyltetøy
- 200 gram friske blåbær
- 2 ss mel (valgfritt)
- kylling buljong

BRUKSANVISNING:

a) Brun kjøttet i terninger i en panne med oljen, fjern deretter kjøttet og sett til side.

b) I samme panne surr du løk (tynne skiver) og gulrøtter.

c) Tilsett appelsinskall, presset hvitløk, fedd, kanelstang og einebær, smak til med salt og pepper, dryss over muskatnøtt og tilsett bouquet garni.

d) Ha kjøttet tilbake i gryten og tilsett konjakken, om ønskelig flamber det.

45. Potet-, løk- og chutneypizza

INGREDIENSER:
- All-purpose mel for å støve pizzaskallet
- 1 hjemmelaget deig
- 12 unser kokende poteter, for eksempel irske skomakere, skrelt
- 6 ss blåbærchutney
- chutney
- 6 gram Monterey Jack, revet
- 3 ss hakkede dillblader
- 1 stor søt løk, for eksempel en Vidalia

BRUKSANVISNING:
a) Fersk deig på en pizzastein. Dryss et pizzaskall lett med mel. Tilsett deigen og form den til en stor sirkel ved å fordype den med fingertuppene. Ta den opp, hold kanten og roter den sakte, strekk den hele tiden, til den er omtrent 14 tommer i diameter. Legg deigen med melet side ned på skallet.
b) Fersk deig på pizzabrett. Smør brettet eller bakeplaten med nonstick-spray. Legg deigen i midten av en av fordypningene av deigen med fingertuppene til den er en tykk, flat sirkel – trekk og trykk deretter deigen til den danner en 14-tommers sirkel på brettet eller et uregelmessig 12 × 7-tommers rektangel på bakepapir.
c) En bakt skorpe. Legg den på et pizzaskall hvis du bruker en pizzastein - eller legg den bakte skorpen på et pizzabrett. Mens ovnen eller grillen varmes opp, kok opp ca 1-tommers vann i en stor kjele utstyrt med en grønnsaksdamper. Tilsett potetene, dekk til, reduser varmen til middels og damp til de er møre når de er gjennomhullet med en gaffel, ca. 10 minutter. Overfør til et dørslag satt i vasken og avkjøl i 5 minutter, og skjær deretter i veldig tynne runder.
d) Fordel chutneyen jevnt over den tilberedte skorpen, og la det være en 1 /2-tommers kant ved kanten. Topp jevnt med revet Monterey Jack. Anrett potetskivene jevnt og dekorativt over paien, og dryss deretter over dill. Skjær løken i to gjennom stilken. Legg den med skjæresiden ned på skjærebrettet og bruk en veldig

skarp kniv til å lage papirtynne skiver. Del disse skivene i hver sin strimler og legg disse over paien.

e) Skyv paien fra skallet til den veldig varme steinen, pass på å holde toppingene på plass eller plasser paien på brettet eller bakepapir enten i ovnen eller på den delen av grillristen som ikke er direkte over varmen kilde.

f) Stek eller grill med lokket lukket til skorpen er lett brunet i kanten, enda mørkere brunet på undersiden, 16 til 18 minutter. Hvis det oppstår luftbobler i kanten eller i midten av fersk deig, sprett dem med en gaffel for å få en jevn skorpe.

g) Skyv skallet tilbake under den varme paien på steinen eller overfør paien på brettet eller bakeplaten til en rist. Sett til side til avkjøling i 5 minutter før skjæring og servering.

46. **Blåbær, mandarin, gulrøtter og ruccolasalat i en krukke**

Gjør: 2

INGREDIENSER:
- ½ kopp blåbær
- 2 mandariner, skrellet og delt
- ½ kopp julienerte gulrøtter
- 1 kopp ruccola

KLEDNING:
- 1 ss olivenolje
- 1 ss fersk sitronsaft og klype havsalt

BRUKSANVISNING:
a) Sett ingrediensene i denne rekkefølgen: dressing, gulrøtter, blåbær, mandarinbiter og ruccola.

47. Kylling, blåbær og avokadosalat

Gjør: 2

INGREDIENSER:
- 1 kopp grillet kylling i terninger
- ½ kopp jordbær
- ½ kopp blåbær
- 1 kopp spinat
- ½ avokado

KLEDNING:
- 1 spiseskje olivenolje
- 1 ss fersk sitronsaft
- klype svart pepper
- klype havsalt
- 1 spiseskje hampfrø

BRUKSANVISNING:
a) Sett ingrediensene i denne rekkefølgen: Dressing, kylling, jordbær, blåbær, avokado og spinat.

48. Kylling, blåbær, ricotta og jordbærsalat

Gjør: 2

INGREDIENSER:
- 1 kopp grillet kylling
- ½ kopp jordbær
- 1 kopp salat
- ½ kopp blåbær
- ½ kopp skivet ricotta

KLEDNING:
- 1 spiseskjeolivenolje elleravokadoolje
- 1 ss fersk sitronsaft
- klype svart pepper
- klype havsalt

BRUKSANVISNING:
a) Bland alle ingrediensene unntatt salat og server på salatbedet.

49. Quinoa, grønne erter, asparges og reddiksalat

Gjør: 2

INGREDIENSER:
- 1 kopp koktquinoa
- ½ kopp hakket reddik
- ½ kopp blåbær
- 1 kopp grønne erter blandet medchiafrø
- ½ kopp asparges

KLEDNING:
- 1 spiseskjeolivenolje eller svartspisskummenolje
- 1 ss fersk sitronsaft
- klype svart pepper
- klype havsalt

BRUKSANVISNING:
a) Bland alle ingrediensene.

50. Quinoa, spinat, blåbær og jordbær salat

Gjør: 2

INGREDIENSER:
- 1 kopp koktquinoablandet med 1 ss maltlinfrø
- ½ kopp jordbær
- ½ kopp blåbær
- 1 kopp spinat
- ½ hakket gulrot

KLEDNING:
- 1 spiseskjeolivenolje
- 1 ss fersk sitronsaft
- klype svart pepper
- klype havsalt
- en klype sorte spisskummen frø

BRUKSANVISNING:
a) Bland alle ingrediensene.

51. **Bær Quinoa salat**

INGREDIENSER:
SITRUSHONING DRESSING:
- 1 ts appelsinskall
- 4 ss fersk appelsinjuice
- 2 ss fersk sitronsaft
- 1 ss fersk limejuice
- 1 ss honning
- 1 ts finhakket mynte
- 1 ts finhakket basilikum

SALAT:
- 2 kopper kokt rød quinoa
- 1 ½ kopper jordbær delt i to
- 1 kopp bringebær
- 1 kopp bjørnebær
- 1 kopp blåbær
- 1 kopp hakkede honningristede kanelmandler
- 1 ss finhakket mynte
- 1 ss finhakket basilikum

BRUKSANVISNING:

a) **Til dressingen:** I en liten bolle, visp appelsinskall, appelsinjuice, sitronsaft, limejuice, honning, mynte og basilikum. Sette til side.

b) I en stor bolle kombinerer du kokt quinoa, jordbær, bringebær, bjørnebær, blåbær, mandler, mynte og basilikum.

c) Ringle dressing over salaten og rør forsiktig igjen. Tjene.

52. Kylling, blåbær og avokadosalat

Gjør: 2

INGREDIENSER:
- 1 kopp grillet kylling i terninger
- ½ kopp jordbær
- ½ kopp blåbær
- 1 kopp spinat
- ½ avokado

KLEDNING:
- 1 spiseskje olivenolje
- 1 ss fersk sitronsaft
- klype svart pepper
- klype havsalt
- 1 spiseskje hampfrø

BRUKSANVISNING:
a) Sett ingrediensene i denne rekkefølgen: Dressing, kylling, jordbær, blåbær, avokado og spinat.

DESSERT

53. Blåbær & fersken sprø

Gjør: 8

INGREDIENSER:
- 6 kopper ferske fersken, skrellet og skåret i skiver
- 2 kopper friske blåbær
- ⅓ kopp pluss ¼ kopp lys brunt sukker (hold adskilt)
- 2 ss mandelmel
- 2 ts kanel, delt
- 1 kopp hurtigkokende havre
- 3 ss maisolje margarin

BRUKSANVISNING:
a) Forvarm ovnen til 350 grader Fahrenheit.
b) Kombiner blåbær og fersken i en ildfast form.
c) Kombiner ⅓ kopp brunt sukker, mel og 1 ts kanel.
d) Ha i fersken og blåbær for å kombinere.
e) Bland havre, det resterende brune sukkeret og den resterende kanelen.
f) Kutt i margarin til smuldrete, og dryss deretter over frukten.
g) Stek i 25 minutter.

54. Blåbær sitronkake

Gjør: 4

INGREDIENSER:
TIL KAKEN:
- ⅔ kopp mandelmel
- 5 egg
- ⅓ kopp mandelmelk, usøtet
- ¼ kopp erytritol
- 2 ts vaniljeekstrakt
- Saft av 2 sitroner
- 1 ts sitronskall
- ½ ts natron
- Klype salt
- ½ kopp friske blåbær (½ magre)
- 2 ss smør, smeltet

FOR FROSTING:
- ½ kopp tung krem
- Saft av 1 sitron
- ⅛ kopp erytritol

BRUKSANVISNING:
a) Forvarm ovnen til 350F
b) Tilsett mandelmel, egg og mandelmelk i en bolle og bland godt til en jevn masse.
c) Tilsett erytritol, en klype salt, natron, sitronskall, sitronsaft og vaniljeekstrakt. Bland og bland godt.
d) Vend inn blåbærene.
e) Bruk smøret til å smøre springformen.
f) Hell røren i de smurte formene. Legg på en bakeplate for jevn steking. Sett i ovnen for å steke til den er gjennomstekt i midten og litt brun på toppen, ca 35 til 40 minutter.
g) La avkjøles før du tar den ut av pannen. Bland erytritol, sitronsaft og tung fløte. Bland godt.
h) Hell frosting på toppen. Tjene.

55. Blåbær lavendel tranebær sprø

Gjør: 6-8

INGREDIENSER:
- 3 kopper blåbær
- 1 kopp tranebær
- ½ ts friske lavendelblomster
- ¾ kopp sukker
- 1-½ kopper knust havregryn graham kjeks
- ½ kopp brunt sukker
- ½ kopp smeltet smør
- ½ kopp skivede mandler

BRUKSANVISNING:
a) Forvarm ovnen til 350 grader F.
b) Kombiner blåbær, tranebær, lavendelblomster og sukker.
c) Bland godt og hell i en 8 x 8-tommers stekepanne.
d) Kombiner knuste kjeks, brunt sukker, smeltet smør og skivede mandler.
e) Smuldre over toppen av fyllet.
f) Stek i 20 til 25 minutter, til fyllet er boblende.
g) Avkjøl i minst 15 minutter før servering.

56. **Blåbærhåndpaier**

Gjør: 8

INGREDIENSER:
- 1 kopp blåbær
- 2½ ss melis
- 1 ts sitronsaft
- 1 klype salt
- 320g kjølt paibunn
- Vann

BRUKSANVISNING:

a) Kombiner blåbær, sukker, sitronsaft og salt i en middels miksebolle.

b) Kjevle ut piecrusene og skjær ut 6-8 separate sirkler.

c) I midten av hver sirkel legger du omtrent 1 skje av blåbærfyllet.

d) Fukt kantene på deigen og brett den over fyllet for å lage en halvmåneform.

e) Krymp kantene på piecrusten forsiktig sammen med en gaffel. Skjær deretter tre snitt på toppen av håndpaiene.

f) Spray matolje over håndpaiene.

g) Legg dem på searplaten.

h) Slå på Air Fryer-ovnen og drei knappen for å velge "Bake".

i) Velg timeren for 20 minutter og temperaturen for 350 °F.

j) Når enheten piper for å indikere at den er forvarmet, åpner du ovnsdøren og setter stekeplaten inn i ovnen.

k) La avkjøling i to minutter før servering.

57. Blåbær kjernemelketerte

Gjør: 1 porsjon

INGREDIENSER:
SKALL
- 1½ kopper universalmel
- ¼ kopp sukker
- ¼ teskje salt
- ¼ pounds kaldt smør; kutte biter
- 1 stort egg; slå med
- 2 ss isvann
- Rå ris; for veieskall

KARNEMELK FYLLING
- 1 kopp kjernemelk
- 3 store eggeplommer
- ½ kopp sukker
- 1 ss sitronskall; rist
- 1 ss fersk sitronsaft
- ½ Stang usaltet smør; smelt, avkjøl
- 1 ts Vanilje
- ½ ts salt
- 2 ss All-purpose mel
- 2 kopper blåbær; velge over
- Konditorsukker

BRUKSANVISNING:
SKALL
a) I en bolle, rør sammen mel, sukker og salt. Tilsett smør og bland til blandingen minner om et grovt måltid. Tilsett eggeplommeblandingen, bland til væsken er innlemmet, og form deigen til en skive. Støv deigen med mel og avkjøl, pakket inn i plastfolie, i 1 time. Kjevle ut deig ⅛" tykk på en melet overflate og sett inn i en 10" terteform med en avtagbar riflet kant.
b) Avkjøl skallet i minst 30 minutter eller tildekket over natten.
c) Forvarm ovnen til 350 grader.
d) Kle skallet med folie og fyll det med ris. Stek skallet midt i ovnen i 25 minutter.

e) Fjern folien og risen forsiktig og stek skallet i 5 minutter til, eller til det er gyllent. Avkjøl skallet i panne på rist.

FYLLING

f) Bland ingrediensene til fyllet i en blender eller prosessor til en jevn masse. Fordel blåbær jevnt i bunnen av skallet.

g) Hell kjernemelkfyll over blåbær og stek midt i ovnen i 30 til 35 minutter eller til akkurat stivnet.

h) Fjern kanten av formen og avkjøl terten helt i formen på rist. Sikt konditorsukker over terten og server ved romtemperatur eller avkjølt med blåbæris.

58. **Havregrynsufflé**

Gjør: 4

INGREDIENSER:
- 1 kopp ekstra tykk havregryn
- 3 kopper helmelk
- 2 ss turbinado sukker
- Klype kosher salt
- 3 store egg, adskilt
- 2 kopper blandede bringebær og blåbær
- ½ ts finrevet sitronskall
- Konditorsukker, til støvtørking
- Ren lønnesirup, til servering

BRUKSANVISNING:
a) Forvarm ovnen til 350°. Smør en 2-liters bakebolle.
b) Kombiner havre, melk, turbinado-sukker og salt i en stor gryte og kok opp.
c) Kok over moderat varme, rør av og til til den tykner til en grøtkonsistens, ca. 15 minutter. Fjern fra varmen; la avkjøles litt.
d) Arbeid raskt og rør eggeplommene inn i havregrynene til de er godt blandet.
e) Vend inn 1 kopp av bærene og sitronskall.
f) I en stor bolle, bruk en stavmikser, pisk eggehvitene på middels hastighet til middels stive topper dannes, ca. 3 minutter. Vend forsiktig hvitene inn i havregrynene til de er blandet.
g) Skrap blandingen inn i den tilberedte formen og stek i ca 30 minutter, til den er gylden og oppblåst.
h) Dryss med konditorsukker og server varm med den resterende 1 koppen bær og lønnesirup, om ønskelig.

59. Blåbær og vaniljeis

Ca 6 porsjoner

INGREDIENSER:
- 175 g/6 oz blåbær, skylt og drenert
- 40 g/1½ oz strøsukker eller granulert sukker
- 284ml kartong kremfløte, kjølt
- 1 ss vaniljeekstrakt
- 225 g/8 oz ferdig vaniljesaus, avkjølt

BRUKSANVISNING:
a) Ha blåbærene i en liten kjele og dryss sukkeret over. Varm forsiktig, rør av og til, til saften renner fra blåbærene og koker opp.
b) La det småkoke i 2–3 minutter til frukten er veldig myk.
c) Press blåbærblandingen gjennom en sil og kast frøene. La puréen avkjøles og avkjøl til den er avkjølt.
d)
e) Ha kremen i en stor mugge og visp til den er tilstrekkelig tyknet til å danne bånd på overflaten (den skal ikke danne topper).
f) Rør inn vanilje, vaniljesaus og bjørnebærpuré.
g) Ha blandingen i iskremmaskinen og frys etter instruksjonene.
h) Overfør til en passende beholder og frys til nødvendig.

60. Blåbær sorbet

INGREDIENSER:
- 2 halvlitere friske blåbær plukket over, men ikke vasket
- 2 ½ kopper sukker
- Saft av 2 sitroner
- 1¼ kopper kaldt vann

BRUKSANVISNING:
a) Puré bær med sukker, sitronsaft og vann.
b) Hell i iskremmaskin og frys i henhold til instruksjonene - til den er jevn og frossen.
c) For å bevare fruktsmaken, server samme dag.

61. **Blandet bærsorbet**

INGREDIENSER:
- 3 kopper blandede bær
- 1 kopp sukker
- 2 kopper vann
- Saft av 1 lime
- ½ ts kosher salt

BRUKSANVISNING:
a) I en bolle blander du sammen alle bærene og sukkeret. La bærene maserere ved romtemperatur i 1 time, til de slipper saften.

b) Overfør bærene og saften deres til en blender eller foodprosessor og tilsett vann, limejuice og salt. Puls til godt blandet. Overfør til en beholder, dekk til og avkjøl til den er kald, minst 2 timer eller opptil over natten.

c) Frys og kjerne i en iskremmaskin i henhold til produsentens anvisninger. For en myk konsistens, server sorbeten med en gang; For en fastere konsistens, overfør den til en beholder, dekk til og la den stivne i fryseren i 2 til 3 timer.

62. Blåbær ostekake iskrem

Gir: 12 porsjoner

INGREDIENSER:
- 12 oz kremost, romtemperatur
- ½ ss salt
- 1 kopp usøtet mandelmelk, romtemperatur
- ¼ kopp mascarpone, romtemperatur
- 2 ss vanilje
- 1 ss sitronekstrakt eller juice
- ¼ kopp rømme, romtemperatur
- 1 kopp Swerve søtningsmiddel
- 1 kopp blåbær

BRUKSANVISNING

a) Forbered og sett sammen ingrediensene dine. Hvis modellen du anbefaler, kan du forhåndsfryse iskremmaskinens miksebolle i minst 24 timer. Kremost, mascarpone, mandelmelk og rømme bør alle være i romtemperatur.

b) I en mikser med padlefeste blander du kremost til den er jevn. Skraper ned bollen med jevne mellomrom

c) Tilsett sukker og salt mens mikseren går, bland til ingrediensene er blandet og glatt. Tilsett mascarpone, bland til det er blandet og blandingen er jevn.

d) Tilsett sakte melk, vanilje, sitron og rømme.

e) Hell blandingen i bollen og avkjøl i kjøleskapet i minst 2 timer eller over natten. Den må være godt nedkjølt.

f) Pulshakk blåbær i en foodprosessor, eller grovhakk med en kniv. En blanding som er delvis chunky og delvis smooshed er perfekt. Avkjøl blåbær i kjøleskapet i minst 2 timer eller over natten.

g) Følg produsentens instruksjoner for å lage iskrem. Modellen vi brukte kommer med et frossen bollefeste som er forhåndsfryst i 24 timer i fryseren. Ingen salt og is nødvendig.

h) Sett opp iskremmaskinen i henhold til produsentens instruksjoner og slå den på. Hell blandingen i den frosne frysebollen og bland til den begynner å tykne, ca. 10 til 15 minutter.

i) Tilsett blåbær og fortsett å blande i ytterligere 5 til 10 minutter til isen begynner å fryse og har en myk kremet tekstur. Ha isen over i en lufttett beholder og frys i noen flere til den har ønsket konsistens.

j) Når du er klar til å spise, la isen myke på benken (om nødvendig), ta den opp og nyt!

63. Sous Vide blåbær sitronkompott

Gjør: 6

INGREDIENSER:
- 2 kopper friske blåbær
- ½ kopp sukker
- Skal av 1 sitron
- 2 ss sitronsaft
- 1 ss smør

BRUKSANVISNING:
a) Sett sous vide til 185F/85C.
b) Kombiner blåbær, sukker, sitronskall og saft og smør i en stor bolle. Bland godt.
c) Hell i en vakuumforseglet pose og senk i vannbadet i 2 timer.
d) Ta posen ut av vannbadet og hell i en bolle. Rør rundt og bruk enten varmt eller avkjøl til senere bruk.

64. **Blåbær Granateple frokost Parfait**

Gjør: 1

INGREDIENSER:
- Vanlig fettfri gresk yoghurt
- Honning
- Blåbær
- Granateplefrø
- Granola

BRUKSANVISNING:
a) Drypp litt honning i koppen eller bollen du skal servere parfaitene i hvis du vil at den skal vises gjennom på utsiden.
b) Tilsett en skje yoghurt og topp med noen blåbær, granateplefrø og en skje granola.
c) Tilsett en annen skje yoghurt, topp med en ny skvett honning, og lag på flere blåbær, granateplefrø og granola. Du kan legge så mange ganger som nødvendig for å fylle serveringsfatet.
d) Server umiddelbart eller oppbevar kaldt til den skal spises.

65. Amaretto-is av kirsebær og blåbær

Gjør: 4 kopper

INGREDIENSER:
- 2 ss sukker
- 2 ss Amaretto
- 2 ½ kopper friske Bing-kirsebær, uthulet
- ½ kopp friske blåbær
- 2 ss maisstivelse
- 2 kopper halv-og-halv, delt
- ⅔ kopp sukker
- 1 ss Amaretto
- ¼ teskje salt

BRUKSANVISNING:
a) Kombiner sukker, Amaretto, kirsebær og blåbær i en middels bolle. La stå i 30-45 minutter, vend av og til. Tilsett frukt med juice i en middels gryte og kok over middels varme, rør ofte, til den er myk, ca. 15 minutter. La frukten avkjøles litt, legg deretter til en foodprosessor og puré til nesten jevn, og etterlater litt tekstur. Sett til side ⅓ kopp fruktblanding for å virvle til iskrem; Ha gjenværende fruktblanding tilbake i kjelen.

b) Visp sammen maisstivelse og 3 ss halv og halv i en liten bolle; sette til side. Tilsett resterende halv-og-halv, sukker, Amaretto og salt i en kjele med fruktblanding; kok opp på middels høy varme mens du visper hele tiden. Visp inn mais-stivelsesblandingen. Kok opp igjen og kok i 1 til 2 minutter til, rør til den tykner. Fjern fra varmen og avkjøl til romtemperatur, dekk til og avkjøl i 6 timer i kjøleskapet.

c) Hell den avkjølte iskremblandingen i den frosne sylinderen til iskremmaskinen; fryse i henhold til produsentens instruksjoner.

d) Hell halvparten av iskremblandingen i en frysesikker beholder, topp med dupper av fruktblandingen og gjenta. Snurr lag sammen med et trespyd. Frys blandingen over natten til den er stiv.

66. Blåbær maismelkake

Gir: 16 Gir: 2 9-tommers kaker

INGREDIENSER:

Kakedeig:
- 3 kopper allsidig mel
- 1 ½ kopp maismel
- 1 ss bakepulver
- 1 ts salt
- 1 pund usaltet smør, myknet
- 3 kopper hvitt sukker
- 8 egg, ved romtemperatur
- 1 ½ kopp rømme
- 1 ss vaniljeekstrakt bær:
- ½ kopp usaltet smør, delt
- 1 kopp brunt sukker, delt
- 6 kopper friske blåbær, delt

BRUKSANVISNING:

a) Forvarm ovnen til 350 grader F (175 grader C).

b) Bland universalmel, maismel, bakepulver og salt sammen i en bolle.

c) Rør sammen smør og sukker med en elektrisk mikser til en jevn masse. Pisk inn eggene ett om gangen, og skrap ned bollen etter hver tilsetning. Tilsett rømme og vanilje; kombiner til den er jevn. Tilsett melblandingen og bland til den er innlemmet. Sette til side.

d) Del smør mellom to 9-tommers støpejernspanner; smelt over middels lav varme, ca 1 minutt. Tilsett ½ av brunt sukker i hver panne; kok til smør og sukker begynner å boble, 2 til 3 minutter. Fordel blåbær mellom de to pannene og fjern dem fra komfyren.

e) Fordel maismelrøre mellom pannene; legg hver på en panne.

f) Stek i den forvarmede ovnen til en tannpirker som er satt inn i midten kommer ren ut, 45 til 50 minutter.

g) La avkjøles litt, ca 15 minutter. Kjør en kniv rundt ytterkantene av hver kake og vend den inn på et skjærebrett for oppskjæring.

67. Rå bærchips

Gjør: 6-8

INGREDIENSER:
- 30 gram blandede bær (jordbær, blåbær, bringebær)
- 2 kopper rå valnøtter eller rå pekannøtter
- ¼ kopp ukokt havregryn
- 2 ss lønnesirup
- ¼ teskje løkpulver

BRUKSANVISNING:
a) Bland de skivede jordbærene og andre vaskede bær i en stor bolle.

b) Tilbered toppingen i en foodprosessor, pulser alle ingrediensene til de er så vidt blandet.

c) Tilsett mesteparten av bærblandingen i en 1,4-liters ildfastform, og la det være igjen et par spiseskjeer. Fordel jevnt.

d) Hell nå mesteparten av toppingen over bærene, og behold noen spiseskjeer.

e) Dryss nå de resterende bærene på toppen og til slutt resten av toppingen.

f) Server umiddelbart eller avkjøl i 1 time.

68. Blåbærterte

Gir: 4 porsjoner

INGREDIENSER:
- 2 kopper friske blåbær
- ⅓ brunt sukker
- 4 ts maisstivelse
- ½ kopp skivede mandler
- 2 ss vann
- 1 ark avkjølt paibunn
- 1 eggeplomme, pisket

BRUKSANVISNING:
a) Forvarm ovnen til 400 grader.
b) I en stor bolle kombinerer du blåbær, brunt sukker, maisstivelse og vann.
c) Hell blåbærblandingen på midten av skorpen.
d) Brett den 2-tommers kanten av skorpen over blåbærblandingen, krymp skorpen litt.
e) Pensle paien med eggeplommen og fordel de skivede mandlene over toppen.
f) Stek i 20 minutter til skorpen er gyllen.
g) Avkjøl litt før servering.

69. **Bærmelkesmule**

Gjør: 2½ kopper

INGREDIENSER:
- 1 porsjon melkesmule
- 40 g frysetørket kirsebærpulver [½ kopp]
- 20 g frysetørket blåbærpulver [¼ kopp]
- 0,5 g kosher salt [⅛ teskje]

BRUKSANVISNING:
a) Kast melkesmulene med bærpulveret og saltet i en middels bolle til alle smulene er jevnt flekkete røde og blå, belagt med bærpulveret.
b) Smulene holder seg i en lufttett beholder i kjøleskap eller fryser i opptil 1 måned.

70. Eple Blåbær Valnøtt Crisp

Gir: 6 porsjoner

INGREDIENSER:
FYLLING:
- 3 store røde eller gylne deilige epler (ca. 2 pund), skrellet og kuttet i ½-tommers biter (ca. 4 kopper)
- 2 ss pakket brunt sukker
- 2 ss fullkornshvetemel
- 1 ts vaniljeekstrakt
- ½ ts malt kanel
- ½ halvliter blåbær (1 kopp)

KRISP TOPPING:
- ¾ kopp valnøtter, veldig finhakket
- ¼ kopp gammeldags eller hurtigkokt havre
- 2 ss pakket brunt sukker
- 2 ss fullkornshvetemel
- 2 ss malt linfrø
- ½ ts malt kanel
- ⅛ teskje salt
- 2 ss rapsolje

BRUKSANVISNING:
a) Forvarm ovnen til 400°F.
b) Kombiner epler, brunt sukker, mel, vanilje og kanel i en stor bolle og vend til belegg. Ha forsiktig inn blåbærene. Legg epleblandingen i en 8 x 8-tommers ildfast form og sett til side.
c) For å lage toppingen, kombiner valnøtter, havre, brunt sukker, fullkornshvetemel, linfrø, kanel og salt i en middels bolle.
d) Tilsett rapsoljen og rør til de tørre ingrediensene er godt dekket.
e) Fordel toppingen jevnt over fruktblandingen.
f) Stek i 40 til 45 minutter, eller til frukten er mør og toppingen er gyldenbrun (dekk med folie hvis toppingen brunes for raskt).

71. **Blueberry Boy agn**

INGREDIENSER:
- 2 kopper universalmel
- 1 kopp sukker
- 2 ts bakepulver
- ¼ teskje salt
- ⅔ kopp vegetabilsk olje
- 1 kopp melk
- 124.egg
- 2 kopper blåbær, ferske eller frosne
- 2 ss sukker
- 1 ts kanel

BRUKSANVISNING:

a) Forvarm ovnen til 350 grader og spray en 9×13-tommers stekepanne med nonstick-spray.

b) Bland sammen mel, sukker, bakepulver og salt i en miksebolle i en frittstående mikser utstyrt med padle-tilbehør.

c) Tilsett olje, melk og egg. Bland i 3 minutter.

d) Hell røren i den tilberedte pannen, dryss blåbærene jevnt på toppen.

e) Kombiner de 3 ss sukker og kanel i en liten bolle, og dryss deretter over blåbærene. Stek i 50 minutter eller til en tannpirker som er satt inn i midten kommer ren ut.

72. **Blåbær dump kake**

Gjør: 8-10

INGREDIENSER:
- 1 stang smør
- 1 boks gul kakeblanding
- 1 21oz boks med paifyll

BRUKSANVISNING:
a) Forvarm ovnen til 350 grader, hvis du bruker en glassform 325 grader.
b) Fordel paifyll i bunnen av 9X13 fat.
c) Dryss kakeblanding over toppen av fyllet.
d) Skjær smøret i skiver og legg på toppen av kakeblandingen.
e) Sett i ovnen og stek i 1 time.
f) La avkjøles i 5 minutter før servering.
g) Server og nyt!

73. Blåbær-sitron-uttrekksbrød

Gjør: 2 UTTREKKENDE BRODER

INGREDIENSER:

- Smør, til smøring
- 4 unser crème fraîche
- ¼ kopp pluss 1 ss honning
- 2 ts ren vaniljeekstrakt
- Skal og saft av 1 sitron
- ½ ts malt kanel
- Hverdagsbrøddeig, ved romtemperatur
- 2 kopper friske eller frosne blåbær
- 1 ss friske timianblader

BRUKSANVISNING:

a) Smør to 9 × 5-tommers brødformer.

b) Lag fyllet. I en liten bolle, rør sammen crème fraîche, 1 ss honning, vanilje, sitronskall, sitronsaft og kanel.

c) Lag rundstykkene. Vend ut deigen på en lett melet arbeidsflate, slå den ned og rull den til et 10 × 16-tommers rektangel omtrent ½ tomme tykt, med langsiden mot deg. Fordel crème fraîche-blandingen over deigen og dryss blåbærene jevnt på toppen. Begynn med den lange kanten nærmest deg, trekk deigen opp og over fyllet og rull den forsiktig til en stokk, hold den ganske stram. Klem kanten for å forsegle.

d) Snu stokksømmen ned og skjær den i 12 like ruller. Plasser 6 ruller, med sømsiden ned, i hver forberedt panne; rundstykkene skal berøre. Dekk til og la heve på et lunt sted til nesten doblet størrelse, 30 minutter til 1 time.

e) Forvarm ovnen til 350°F.

f) Stek rundstykkene til de er lett brune på toppen, 45 til 50 minutter. Sett til side for å avkjøle litt.

g) Lag timianhonningen. I mellomtiden kombinerer du timian og den resterende ¼ koppen honning i en liten kjele på lav varme. La det småkoke til honningen begynner å boble, ca 3 minutter, og ta kjelen av varmen.

h) Drypp brødet med den varme timianhonningen. Oppbevar eventuelle rester i kjøleskap i en lufttett beholder i opptil 3 dager.

74. Blandet bærskomaker med sukkerkjeks

Gir: 10 SERVERINGER

INGREDIENSER:
- Vegetabilsk olje, til smøring
- 2 kopper friske jordbær, i skiver
- 2 kopper friske bjørnebær
- 2 kopper friske blåbær
- 1 kopp granulert sukker
- ¾ kopp vann
- 2 ss usaltet smør
- 1 ss vaniljeekstrakt
- 3 ss maisstivelse

FOR KEKSTOPPING:
- 2 kopper universalmel
- ¼ kopp granulert sukker
- 3 ss bakepulver
- ½ ts kosher salt
- ¾ kopp kjernemelk
- 5 ss kaldt usaltet smør, strimlet
- 2 ts vaniljeekstrakt
- 2 ss smeltet usaltet smør
- 2 ss grovt sukker

BRUKSANVISNING:

a) Forvarm ovnen til 375 grader F. Smør lett en 9 x 13-tommers bakebolle.

b) Kombiner bærene med sukker, vann, smør og vanilje i en stor gryte over middels varme. Når det begynner å dannes bobler, øser du ut omtrent ¼ kopp væske fra kjelen.

c) Kombiner den ¼ koppen varm væske i en liten bolle med maisstivelsen og bland til den er klumpfri. Hell maizennablandingen tilbake i kjelen med bærene og rør. Kok til alt tykner, hell deretter fruktblandingen i bakebollen. Sette til side.

d) For kjekstoppingen, bland mel, sukker, bakepulver og salt i en stor bolle. Visp til det er godt blandet. Ha i kjernemelk, strimlet smør og vanilje. Bland ingrediensene. Øs ut kjeksblandingen og legg den oppå bærfyllet.

e) Pensle kjeksene med smeltet smør, og dryss deretter på det grove sukkeret. Stek i ovnen uten lokk i 30 til 35 minutter. Ta ut av ovnen, og la avkjøles. Server med eller uten is.

75. **Sommerbær med fersk mynte**

Gir: 4 til 6 porsjoner

INGREDIENSER:
- 2 ss fersk appelsin- eller ananasjuice
- 1 ss fersk limejuice
- 1 ss agave nektar
- 2 ts hakket fersk mynte
- 2 kopper friske kirsebær
- 1 kopp friske blåbær
- 1 kopp friske jordbær, skrellet og halvert
- $1/2$ kopp friske bjørnebær eller bringebær

BRUKSANVISNING:
a) Kombiner appelsinjuice, limejuice, agavenektar og mynte i en liten bolle. Sette til side.
b) Kombiner kirsebær, blåbær, jordbær og bjørnebær i en stor bolle. Tilsett dressingen og bland forsiktig for å kombinere.
c) Server umiddelbart.

76. Individuelle Yuzu Blueberry Bagateller

Gir: 6 porsjoner

INGREDIENSER:

FOR Yuzu-KAKEN:
- 1 kopp kakemel
- ½ ts bakepulver
- ¼ ts Plus ⅛ ts natron
- ¼ teskje salt
- ½ pinne smør, myknet
- ⅓ kopp granulert rørsukker
- 1 egg
- ¾ teskje vaniljeekstrakt
- ½ ts Yuzu-ekstrakt
- ½ kopp kjernemelk

FOR SØTET PISKEFLEME:
- 1 kopp kraftig piskekrem
- ¼ teskje vaniljebønnepasta eller vaniljeekstrakt
- 1 ss ren lønnesirup

FOR BAGTALENE:
- ½ Yuzu-kake
- Søtet pisket krem
- 1 kopp Yuzu ostemasse
- 2 kopper friske blåbær

BRUKSANVISNING:

FOR YUZU-KAKEN:

a) Smør en 9-tommers kakeform. Forvarm ovnen til 300ºF.

b) I en liten bolle, visp sammen mel, bakepulver, natron og salt. I en stor bolle, fløt sammen smør og sukker.

c) Tilsett egg og pisk godt. Pisk inn vanilje- og Yuzu-ekstrakter.

d) Tilsett halvparten av de tørre ingrediensene til de våte ingrediensene og bland. Tilsett kjernemelk og pisk.

e) Tilsett de resterende tørre ingrediensene og bland til det er blandet.

f) Hell røren i den tilberedte formen, glatt den ut og stek i forvarmet ovn til den er lett brun og en tannpirker satt inn i midten kommer ut ren, ca. 30 minutter.

g) Avkjøl helt før du lager småsakene.

FOR SØTET PISKEFLEME:

h) I en middels bolle, pisk fløte, vanilje og sirup eller sukker til middels stive topper dannes.

FOR Å GJØRE BAGTALENE:

i) Skjær halvparten av kaken i små terninger. Plasser noen av kubene i bunnen av en 8-unse krukke.

j) Tilsett en klatt eller to kremfløte. Legg i et lag med blåbær.

k) Fordel en skje Yuzu ostemasse på toppen. Gjenta lagene en gang til.

l) Gjør det samme med de resterende syltetøyglassene.

m) Server umiddelbart eller oppbevar tildekket i kjøleskapet i noen timer.

77. **Blåbærrabarbrapai**

Gir: 7 porsjoner

INGREDIENSER:
PIEFYLL:
- 4 kopper hakket, frisk rabarbra
- 2 kopper friske blåbær
- 2 ss smeltet smør
- 1-⅓ kopp hvitt sukker
- ⅔ kopp fire

CRUMBELTOPP:
- ½ kopp (1 stav) smeltet smør
- 1 kopp mel
- 1 kopp havre
- 1 kopp presset brunt sukker
- 1 ts kanel

BRUKSANVISNING:
PIEFYLL:
a) Spray bunnen av en 9" dyp paiform med spray.
b) Kle pannen med en paibunn. Hvis du lager en smuldret topp, flute kantene på skorpen før du fyller.
c) Fordel ¼ kopp mel jevnt på bunnen av paibunnen før du tilsetter paifyll.
d) Kombiner alle ingrediensene til paifyllet, og trykk inn i paibunnen.

CRUMBELTOPP:
e) Bland alle ingrediensene til de er godt blandet og smuldrete.

BAKING:
f) Legg crumble toppen til paifyllet, fordel jevnt. Hvis du bruker en paibunntopp, legg over hele paifyllet og press kantene på den øverste paibunnen til bunnen, slik at kantene flettes. Lag åpninger i den øverste skorpen for å la paien dampe. Spray toppskorpen med pannespray og dryss godt over 5 ss sukker i råen.
g) Dekk med tinnfolie og stek ved 350 grader i 1 time (mindre hvis du bruker varmluftsovn)
h) La paien avkjøles helt før servering.

78. **Kirsebærbær havregryn**

Gir: 6 porsjoner

INGREDIENSER:
- 2 kopper tørrvalset havre
- ½ kopp pluss 2 ss. lys brunt sukker
- 1 ts bakepulver
- 1 ts malt kanel
- ½ ts salt
- ½ kopp tørkede kirsebær
- ½ kopp friske eller tinte frosne blåbær
- ¼ kopp ristede mandler
- 1 kopp helmelk
- 1 kopp halv og halv krem
- 1 egg
- 2 ss. smeltet usaltet smør
- 1 ts vaniljeekstrakt

BRUKSANVISNING:
a) Forvarm ovnen til 375°. Spray en 8-tommers firkantet stekepanne med non-stick matlagingsspray.
b) Tilsett havre, ½ kopp brunt sukker, bakepulver, kanel, salt, kirsebær, ¼ kopp blåbær og ⅛ kopp mandler i en miksebolle. Rør til det er blandet og fordel i stekepannen.
c) Dryss ¼ kopp blåbær og ⅛ kopp mandler over toppen.
d) Tilsett melk, halv og halv fløte, egg, smør og vaniljeekstrakt i en miksebolle. Visp til det er blandet og hell over toppen av gryten. Ikke rør. Dryss 2 ss brunt sukker over toppen.
e) Stek i 30 minutter eller til gryten er stivnet og havregrynene møre. Ta ut av ovnen og la gryten hvile i 5 minutter før servering.

SAUSER

79. Sommer fruktsaus

Gjør: ca 2 kopper

INGREDIENSER:
- 1 ss maisstivelse
- 1 kopp fersk appelsinjuice
- 1/4 kopp agave nektar
- 2 ss vegansk margarin
- 1 ts finrevet appelsinskall
- 2 modne fersken, halvert, pitlet og finhakket
- 1/2 kopp friske blåbær

BRUKSANVISNING:
a) Kombiner maisstivelse og appelsinjuice i en middels kjele. Tilsett agavenektar og kok opp. Reduser varmen til middels og kok under konstant omrøring til den tykner, ca. 5 minutter.

b) Ta av varmen og rør inn margarin og appelsinskall. Rør inn fersken og blåbær. Server ved romtemperatur eller avkjølt. Oppbevar sausrester tildekket i kjøleskapet i opptil 2 dager.

80. **Blåbærsaus**

Gir: 4 porsjoner

INGREDIENSER:
- 2 kopper blåbær
- 4 sjalottløk i terninger
- 2 ss smør
- 1 ss kornsennep
- ¼ kopp rødvin
- Beef Stock
- 2 ss sukker
- Svart pepper etter smak
- Kosher salt etter smak
- Frisk timian

BRUKSANVISNING:
a) Karamelliser sjalottløken i terninger med smør, timian og salt.
b) Tilsett sennep og blåbær og knekk dem med en gaffel mens du steker på middels varme.
c) Tilsett svart pepper og nok storfekraft til å dekke blåbærene, og la det småkoke i ca 25 minutter, til sjalottløken og blåbærene er møre og sausen er redusert og blank.
d) Server denne sausen med grillet kyllingbryst og blomkålpuré!

81. Deilig blåbærsirup

Gjør: ca 2-½ kopper

INGREDIENSER:
- ½ kopp sukker
- 1 T. maisstivelse
- ⅓ c. vann
- 2 kopper friske eller frosne blåbær

BRUKSANVISNING:
a) Kombiner sukker og maisenna i en kjele over middels varme. Rør inn vann gradvis.
b) Tilsett bær; kok opp. Kok under konstant omrøring i ett minutt, eller til blandingen tykner.
c) Serveres varm, eller hell i en dekket krukke og oppbevar i kjøleskapet i flere dager.

82. Blåbærsyltetøy

Gir 9 halvlitere

INGREDIENSER:
- 8 kopper friske blåbær
- 6 kopper honning
- 3 ss sitronsaft
- 2 ts malt kanel
- 2 ts revet sitronskall
- ½ ts malt muskatnøtt
- 6 gram flytende fruktpektin uten sukker

BRUKSANVISNING:
a) Legg blåbær i en foodprosessor; dekk til og puls til nesten helt blandet.
b) Overfør til en gryte. Rør inn honning, sitronsaft, kanel, sitronskall og muskatnøtt. Kok opp på høy varme under konstant omrøring. Rør inn pektin.
c) Kok i 1 minutt under konstant omrøring.
d) Fjern fra varmen; skum av skummet. Hell varm blanding i varme steriliserte halvlitersglass, og la det være ¼-tommers headspace.
e) Fjern luftbobler; tørk av felger og juster lokk. Prosess i 10 minutter i en kokende vannboks.

SMOOTHIES OG COCKTAILS

83. **Ombré Granateple Elixir**

Gjør: 4

INGREDIENSER:
- 16 gram appelsinjuice
- 4 gram tranebærjuice
- 2 ss ingefærjuice
- 3½ gram blåbær + ekstra til pynt
- 8 gram granateplejuice
- 4 ss sukker, eller etter smak

BRUKSANVISNING:

a) Kombiner appelsin-, tranebær- og ingefærjuicen.
b) Dekk til og avkjøl til den er avkjølt.
c) Puré i en blender blåbærene med granateplejuice og sukker.
d) Avkjøl i kjøleskapet.
e) Hell appelsin-tranebær-ingefær-juiceblandingen i 4 glass.
f) Topp med granateple-blåbærpuré.
g) Server pyntet med friske blåbær.

84. Is Blåbær Med Hvit Grapefruitade

Gjør: 4

INGREDIENSER:
- 7 gram blåbær
- 7 gram sukker
- 7 kvister timian
- 16 gram hvit grapefruktjuice
- saft av 1 lime
- 1 rosmarinstilk, strippet

BRUKSANVISNING:

a) Legg 4 blåbær i et isbrett, hell vann over bærene og frys.

b) I en gryte eller gryte, kombiner sukkeret og 4 gram vann over moderat varme og kok opp, rør regelmessig.

c) Rør inn timiankvistene.

d) Kombiner 2 ss timiansirup med grapefrukt- og limejuicen.

e) Server i 4 glass, tilsett noen blåbærisbiter i hvert glass, og server avkjølt, pyntet med rosmarin.

85. **Grønn smoothie**

Gjør: 4 kopper

INGREDIENSER:
- 2 kopper hakkede grønnsaker
- 2 kopper blåbær
- 2 kopper filtrert vann, etter ønske

BRUKSANVISNING:

a) Ha alle ingrediensene i en kraftig blender og kjør til en jevn masse.

b) Kan oppbevares i kjøleskapet i opptil 1 dag, men nytes best umiddelbart.

86. Kirsebærblåbærgrønnkål

INGREDIENSER:

- 1 kopp grønnkål
- 1 kopp kirsebær
- ½ kopp blåbær

BRUKSANVISNING:

a) Bland med ½ til 1 kopp væske.
b) Nyt

87. <u>**Protein Power Smoothie**</u>

INGREDIENSER:
- ¾ kopp fettfri melk
- ½ moden banan
- ½ kopp frosne bringebær
- ½ kopp frosne blåbær
- 1 skje vaniljemyseproteinpulver
- 5 isbiter

BRUKSANVISNING:
a) Bland til jevn.
b) Smak og juster is eller ingredienser om nødvendig.

88. **Supermatshake**

INGREDIENSER:
- ½ kopp frosne kirsebær
- 8 gram vann
- ½ kopp hakkede rå rødbeter
- ½ kopp frosne jordbær
- ½ kopp frosne blåbær
- ½ banan
- 1 skje sjokolade myseprotein
- 1 ss malt linfrø

BRUKSANVISNING:
a) Bland til jevn.
b) Smak og juster is eller ingredienser om nødvendig.

89. Dr. Mikes Power Shake

INGREDIENSER:
- ¼ kopp lav fett cottage cheese
- 1 kopp blåbær (ferske eller frosne)
- 1 skje vaniljeproteinpulver
- 2 ss linfrømel
- 2 ss valnøtter, hakket
- 1½ kopper vann
- 3 isbiter

BRUKSANVISNING:
a)   Bland til jevn.
b)   Smak og juster is eller ingredienser om nødvendig.

90. <u>Bright Berry Shake</u>

INGREDIENSER:
- 1 ½ kopp vann eller mandelmelk
- 2 skjeer vaniljeproteinpulver
- 8 bringebær
- 4 jordbær
- 12 blåbær
- håndfull isbiter

BRUKSANVISNING:
a) Bland til jevn.
b) Smak og juster is eller ingredienser om nødvendig.

91. Blåbær Mango Shake

INGREDIENSER:
- ½ kopp frisk eller frossen hakket mango
- ¼ kopp friske eller frosne blåbær
- ¼ kopp vanlig gresk yoghurt
- 1 kopp vann eller mandelmelk
- 2 skjeer vaniljeproteinpulver

BRUKSANVISNING:
a) Bland til jevn.
b) Smak og juster is eller ingredienser om nødvendig.

92. **Blåbærblast**

INGREDIENSER:
- 1 kopp vanilje mandelmelk
- 1 frossen banan (skall før frysing)
- ½ kopp blåbær
- 1 skje unflavored eller vanilje proteinpulver

BRUKSANVISNING:
a) Ha alle ingrediensene i en blender i 30-60 sekunder.

93. <u>Blåbær Muffin Shake</u>

INGREDIENSER:
- 2 skjeer vaniljeproteinpulver
- 6 gram mandelmelk
- ⅔ kopp blåbær
- 2 ts cashew smør
- 1-5 dråper vaniljeekstrakt
- 4 gram vann (mer for en tynnere shake, mindre for en tykkere shake)
- 3 isbiter

BRUKSANVISNING:
a) Ha alle ingrediensene i en blender i 30-60 sekunder.

94. Blåbær kokos smoothie

Gjør: 2

INGREDIENSER:
- 3 ss gyldent linfrømåltid
- 1 ss Chiafrø
- 2 kopper vanilje usøtet kokosmelk
- 10 dråper flytende stevia
- ¼ kopp blåbær

BRUKSANVISNING:
a) Kombiner alle ingrediensene i en blender.
b) Bland deretter i 1-2 minutter, eller til alle ingrediensene er helt kombinert.

95. **Keto tropisk smoothie**

Gjør: 1

INGREDIENSER:
- Isbiter
- ¾ kopp usøtet kokosmelk
- ¼ kopp rømme
- 2 ss gyldent linfrømåltid
- 20 dråper flytende stevia
- ¼ teskje blåbærekstrakt

BRUKSANVISNING:
a) Kombiner alle ingrediensene i en blender.
b) Bland i 1-2 minutter på høy hastighet, eller til konsistensen er tyknet.

96. Spiret Alfalfa Smoothie

Gjør: 1

INGREDIENSER:
- 1 kopp vann
- 2 kopper babyspinat
- ½ medium banan
- 1 skje vaniljemyseproteinpulver
- ¼ kopp frosne blåbær
- ¼ kopp usøtet frosne bjørnebær
- ½ kopp alfalfaspirer

BRUKSANVISNING:
a) For å begynne, ha vann og spinat i en blender. Tilsett så de andre ingrediensene og 3 isbiter.
b) Bland til jevn og server.

97. Blåbær smoothie

Gir: 1-2 porsjoner

INGREDIENSER:
- 1 kopp blåbær
- 1 liten banan
- 1-tommers stykke ingefær
- 1 kopp babyspinat
- 1 kopp mandelmelk
- 1 ss linfrø
- 1 ss mandelsmør
- ½ kopp is

BRUKSANVISNING:
a) Legg isen i en hurtigmikser.
b) Tilsett de resterende ingrediensene.
c) Fest lokket på blenderen og kjør til smoothien er kremaktig og glatt.
d) Overfør til et drikkeglass og nyt umiddelbart!

98. **Kakaospinat Smoothie**

INGREDIENSER:
- 2 kopper spinat
- 1 kopp blåbær, frosne
- 1 ss mørkt kakaopulver
- ½ kopp usøtet mandelmelk
- ½ kopp knust is
- 1 ts råhonning
- 1 ss Matcha pulver

BRUKSANVISNING:
a) Bland i blender
b) Tjene

99. Blåbærpai smoothie

INGREDIENSER:
FOR Å FORBEREDE
- 2 ½ kopper frosne blåbær
- 1 banan, i skiver
- 2 hele kanel graham kjeks, delt i biter
- 1 ss mandelsmør

Å SERVERE
- 1 kopp usøtet vanilje mandelmelk
- ½ kopp 2 % gresk yoghurt
- 3 ts honning

BRUKSANVISNING:

a) Kombiner blåbær, banan, graham kjeks og mandelsmør i en stor bolle. Fordel mellom 4 ziplock fryseposer. Frys i opptil en måned, til den skal serveres.

b) FOR Å LAGE EN PORSJON: Legg innholdet i en pose i en blender og tilsett ¼ kopp mandelmelk, 2 ss yoghurt og ¾ ts honning. Bland til jevn. Server umiddelbart.

100. Rainbow kokos smoothie

INGREDIENSER:
FOR Å FORBEREDE
- 2 mandariner, skrellet og delt
- 1 kopp ananas i terninger
- 1 kopp mango i terninger
- 1 kopp jordbær i skiver
- 1 kopp blåbær
- 1 kopp bjørnebær
- 1 kiwi, skrelt og skåret i skiver
- 2 kopper babyspinat
- ½ kopp flak kokosnøtt

Å SERVERE
- 2 kopper kokosvann

BRUKSANVISNING:
a) Kombiner mandariner, ananas, mango, jordbær, blåbær, bjørnebær, kiwi, spinat og kokos i en stor bolle. Fordel mellom 6 ziplock fryseposer. Frys i opptil en måned, til den skal serveres.

b) FOR Å LAGE EN SERVERING: Legg innholdet i en pose i en blender og tilsett ⅓ kopp kokosvann. Bland til jevn. Server umiddelbart.

KONKLUSJON

Blåbærlykkeer ikke hvilken som helst kokebok, det er en invitasjon til å utforske blåbærenes vidunderlige verden. Denne kokeboken er en feiring av allsidigheten og næringsverdien til blåbær, og med 100 deilige oppskrifter er den en ultimat guide for å inkorporere denne supermaten i ditt daglige kosthold.

Boken er gjennomtenkt organisert, og begynner med frokostretter som blåbærpannekaker, muffins og scones. Hver oppskrift er omhyggelig laget for å vise frem den unike smaken og teksturen til blåbær, noe som gjør hver bit til et utbrudd av smak. Deretter finner du en rekke salte retter som bruker blåbær på innovative måter, som blåbærglasert indrefilet av svin, blåbær-BBQ-saus og blåbærquinoasalat. Disse oppskriftene vil inspirere deg til å eksperimentere med nye smakskombinasjoner og inkludere blåbær i hverdagsmåltidene dine.

Men selvfølgelig er ingen kokebok komplett uten et utvalg søte godbiter, og Blåbærlykkeskuffer ikke. Du finner klassiske desserter som blåbærpai og blåbærsmuler, i tillegg til mer kreative oppskrifter som blåbærostkakebarer og blåbærsitronterte. Disse dessertene er perfekte for å tilfredsstille søtsuget samtidig som de får de helsemessige fordelene av blåbær.

Dessuten inneholder boken nyttige tips og varianter for mange av oppskriftene, slik at du kan skreddersy dem etter din smak eller prøve ut nye ingredienser. Oppskriftene er enkle å følge og inkluderer en liste over ingredienser, trinnvise instruksjoner og vakre fotografier som får vann i munnen.

Avslutningsvis er Blåbærlykkeen må-ha kokebok for alle som elsker blåbær eller ønsker å inkludere mer næringsrike og deilige ingredienser i kostholdet. Med 100 oppskrifter å velge mellom, vil du aldri gå tom for måter å nyte den søte, syrlige smaken av blåbær. Så fortsett og start ditt kulinariske eventyr i dag og oppdag den salige verden av blåbærmatlaging!

Ingram Content Group UK Ltd.
Milton Keynes UK
UKHW021148220623
423869UK00009B/76